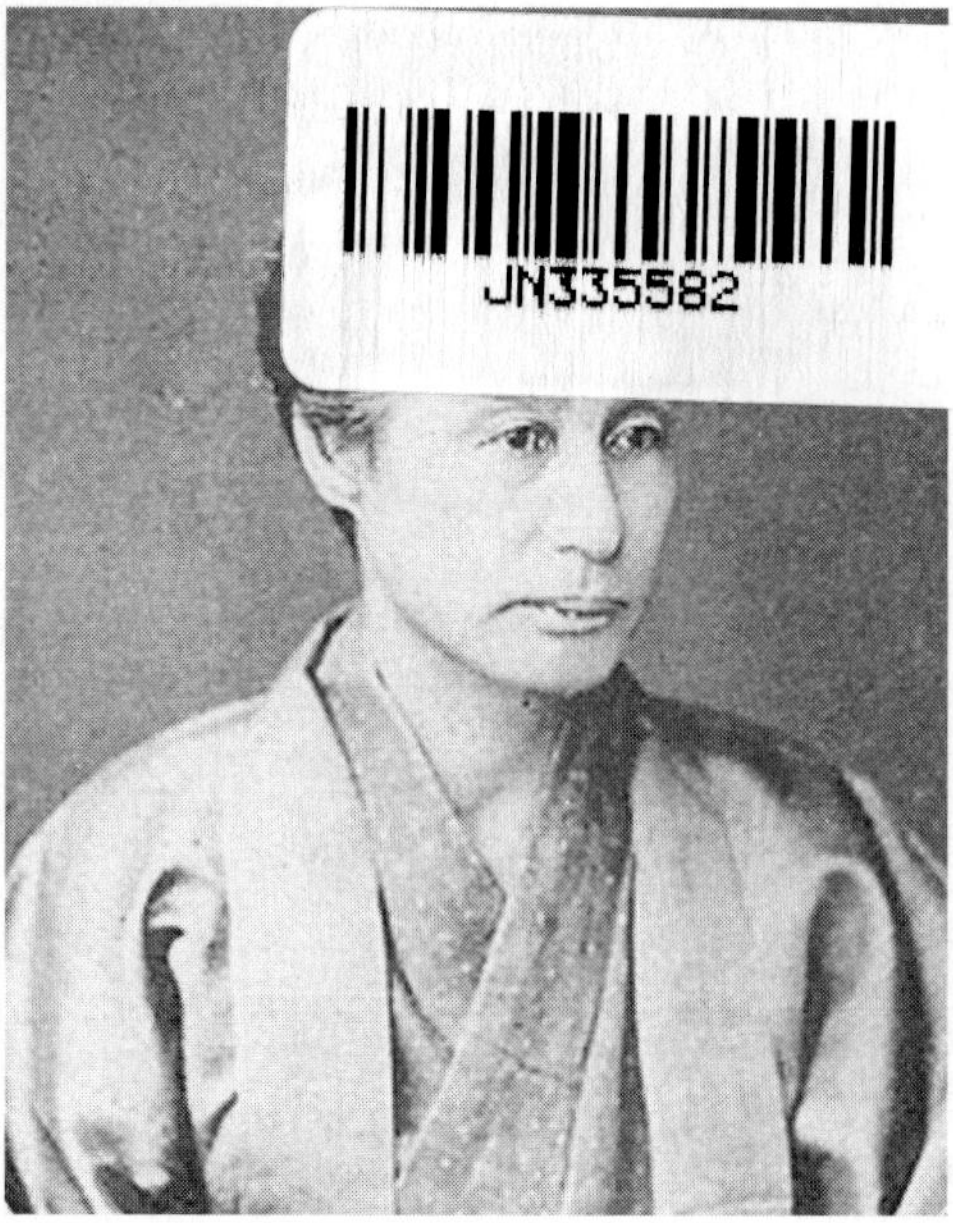

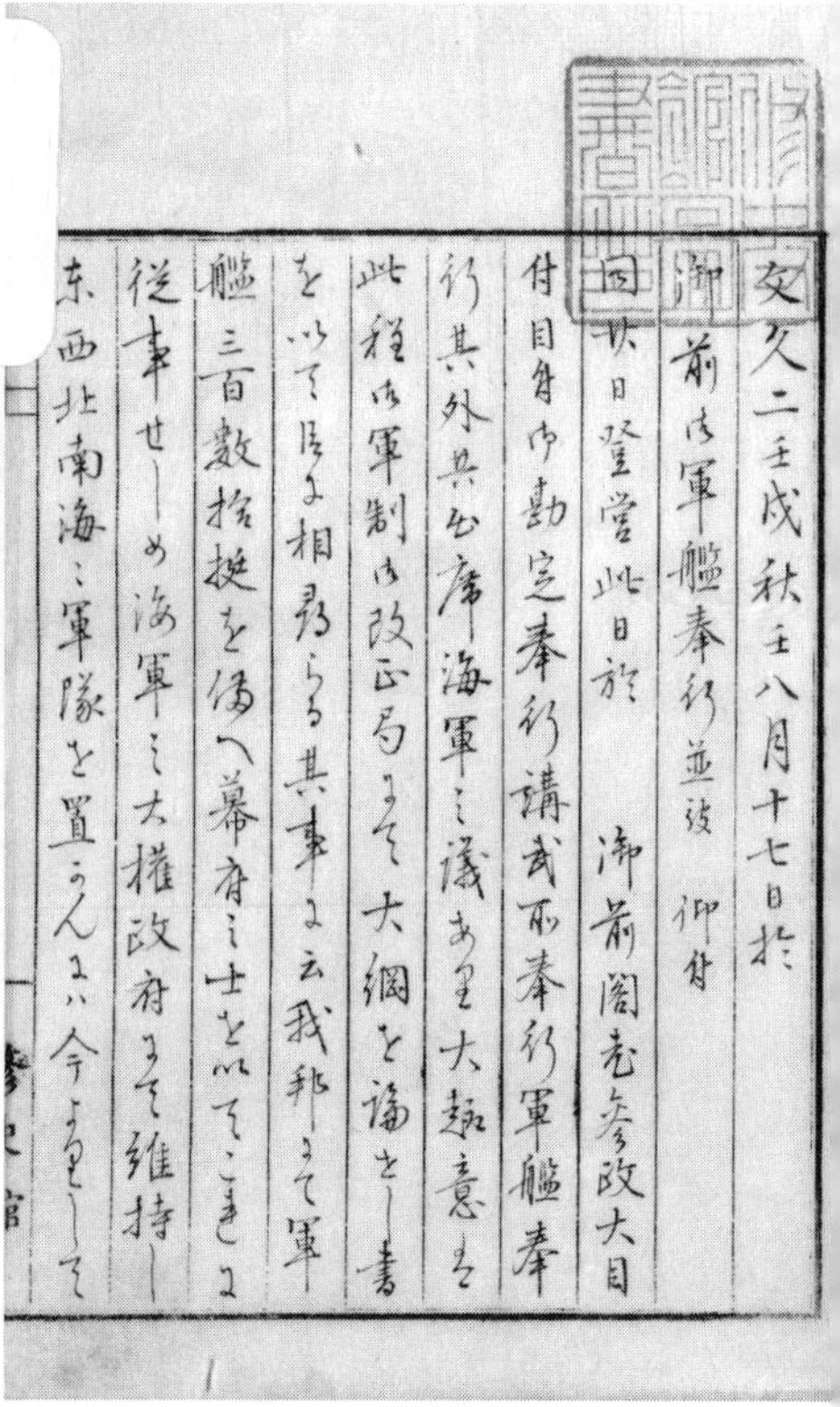

文久二壬戌秋壬八月十七日於
御前御軍艦奉行並彼 仰付
因日登營此日於
御前閣老參政大目
付目見勤定奉行講武所奉行軍艦奉
行其外其外席海軍之議あき大趣意を
此程海軍制を改正有之大綱と論を上
を以て居を相設らる其事と云我邦を以て軍
艦三百數挺を備へ幕府と士を以てこれを
従事せしめ海軍と大權政府として維持
し東西北南海に軍隊を置うと八今より上して

一
嘗て廣樹意の事
あきが此に至る筆を以…
話…此著述地の軍艦候…
いろ…之ぞ芳…皆…御…家の筆実
…ひ…ぞ某…玉理と称…近世…
世と居らず…細な世話…ぎ…某…陸雲か
し國八…げ…か……或八者あざり…
　某八切に…歳…にても…一か…ざり…て天下國家と
ろ…かなる又を御雲せに…軍人の大居に有く…し
鮨鱗の切と云…ざざ…して全平の…

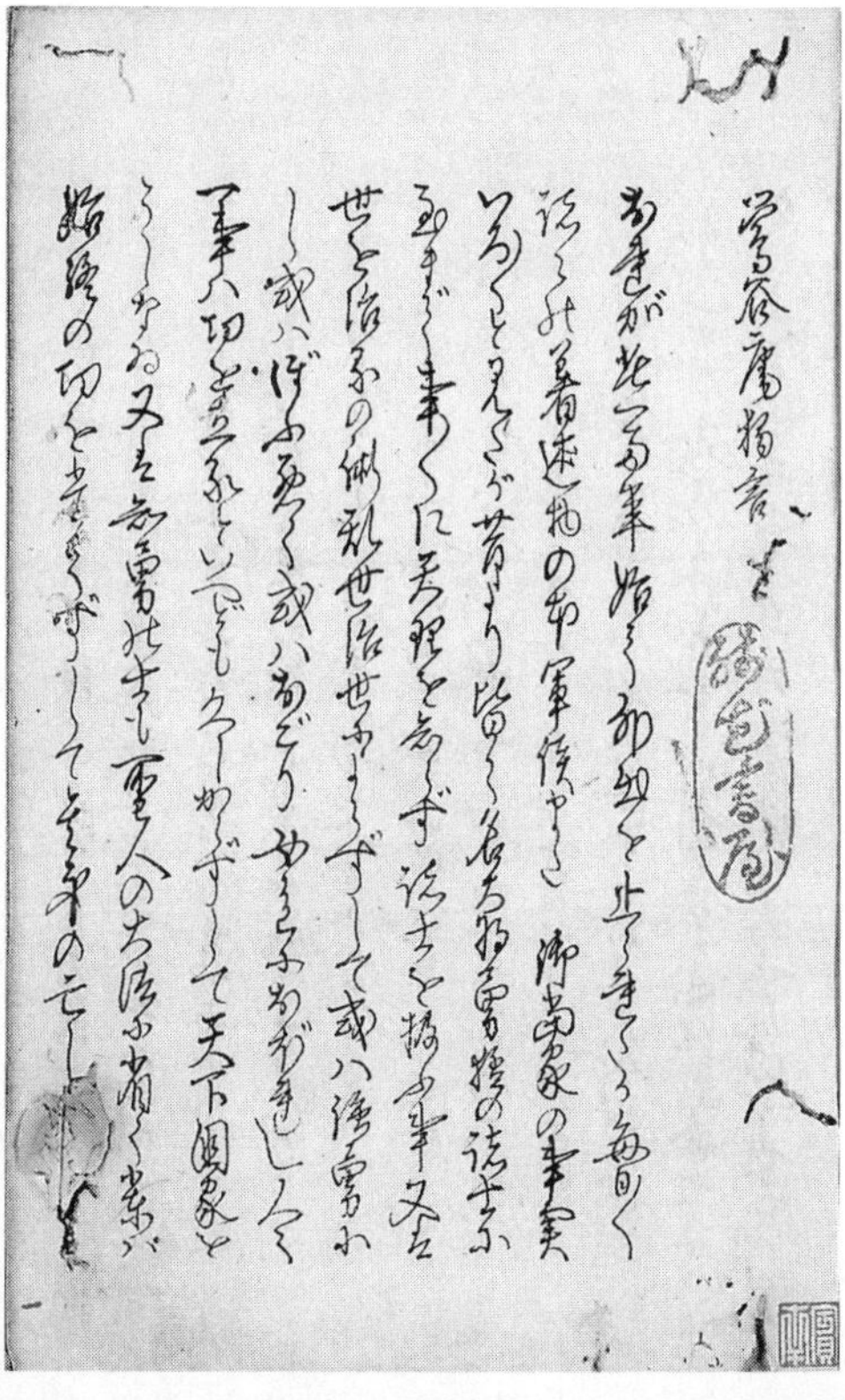

監修者——加藤友康／五味文彦／鈴木淳／高埜利彦

［カバー表写真］
「咸臨丸難航図」
（鈴藤勇次郎原画）

［カバー裏写真］
「勝海舟江戸開城図」
（川村清雄画）

［扉写真］
勝海舟（58歳）と「日記」（上），「夢酔独言」

日本史リブレット人066

勝小吉と勝海舟
「父子鷹」の明治維新

Oguchi Yujiro
大口勇次郎

目次

①小吉の生涯——『夢酔独言』の世界

父子鷹

このシリーズの企画として勝小吉(一八〇二〜五〇)・海舟(一八二三〜九九)の親子をセットにする着想は、おそらく子母沢寛《しもざわかん》▲の新聞連載小説「父子鷹《おやこだか》」(『読売新聞』一九五五〜五六)によるものであろう。子母沢は、海舟の少年時代を父親小吉の目線でとらえ、あたかも親鷹が自分の幼い子鷹に天空の飛び方を教えるように、厳しくも慈愛あふれた父性愛で親子の関係を描いている。ここに描かれた貧乏御家人《ごけにん》である小吉の正義感と喧嘩に強い天衣無縫《てんいむほう》な生活ぶりは、小吉本人が晩年に書いた自叙伝を下敷きにしていることはよく知られており、本書もまた小吉の自伝『夢酔独言《むすいどくげん》』を頼りにスタートすることにしたいと思う。

しかし、実をいうと自伝のなかで父子の親しい関係が描かれているのは、数えで九歳の海舟が近所の野良犬に睾丸《こうがん》を噛まれて傷をおったときに、小吉が抱き寝をして治してやったという看病ばなし一つだけなので、これ以上小説家のように想像の羽を広げることはできない。

▼**子母沢寛**　一八九二〜一九六八。作家。新聞記者時代に、旧幕《ばく》臣《しん》の聞きとりをまとめた『新選組《しんせんぐみ》始末記《しまつき》』を出版し、作家に転じ『父子鷹』『勝海舟』などを書いた。祖父が彰義隊《しょうぎたい》出身で箱館《はこだて》戦争の生き残りだったこともあって、旧幕時代の下級武士の生き方を取材して書いた作品が多かった。

ここでは親子二人に共通するものとして、彼らが人生をスタートさせた舞台である下層の御家人の世界を考えてみたい。小吉は、閉塞した時代のなかでこの世界から終生ぬけだすことはなかったが、その代わり実にいきいきとこの世界を描写してくれた。海舟は、この環境のなかに生まれ少年時代をすごしたが、やがて時代の大きな流れのなかで、そこから脱出するみちをみずからの手で切り開いていったのである。激動する維新《いしん》期を前後にして、下層の御家人社会出身として苦闘した親子二人の生き方をたどってみようと思うのである。まず父鷹から始めよう。

一八〇二(享和《きょうわ》二)年、勝小吉は、旗本《はたもと》▲男谷平蔵《おだにへいぞう》の三男として生まれた。妾《しょう》腹《ふく》の子であったが、江戸《えど》深川《ふかがわ》の油堀《あぶらぼり》にあった男谷家の屋敷に「おふくろ(平蔵の妻)が引きとって、うばでそだてられた」と本人は書いている。七歳のときに御家人▲勝家の養子にはいった。男谷家の三男坊では跡継ぎの目はないから、御家人の家に養子の口をさがしあてたのは幸いであった。ただこの時点で勝家の当主夫妻はすでになく、跡継ぎの決まらないまま残された四歳の娘信子《のぶこ》とその祖母が家を守っていた。

▼**旗本・御家人**　将軍の直属の家臣《かしん》で一万石以上は大名、一万石未満のなかで将軍にお目見えできる者を旗本、できない者を御家人と呼んでいるが、法制上の規定があるわけではない。

養家と生家

ここで養家・勝家と生家・男谷家の成り立ちを、少しさかのぼってみよう。

江戸時代、旗本や御家人の世界の秩序は、その家が徳川将軍家《とくがわしょうぐんけ》にどれほど近いかを示す由緒や系譜によって成り立っていたが、その関係を確認するものが幕府《ばくふ》作成の『寛政重修諸家譜《かんせいちょうしゅうしょかふ》』▲一五〇〇余巻であった。これを繙《ひもと》いてみると、男谷・勝両家ともに、どちらも知行高《ちぎょうだか》の低い御家人でありながら、十八世紀後半になって役職をえたことではじめて将軍にお目見《めみ》えの栄に浴すことができ、『寛政重修諸家譜』の末端に連なることができた家柄であったことがわかる。勝家の場合は、先祖の出身地が近江国坂田《おうみのくにさかた》郡勝村▲(現、滋賀県長浜《ながはま》市)で、天正《てんしょう》年間(一五七三〜九二)には鉄砲玉薬組《てっぽうたまぐすりぐみ》▲の同心《どうしん》にかかえられたといわれ、家康《いえやす》以来の由緒をもった御家人であった。江戸中期に家を継いだ命雅《のぶまさ》は、いくつかの職を歴任し最後に広敷番頭《ひろしきばんがしら》▲もつとめて、知行高四一石《こく》ではあったがお目見えの資格をえている。だがその後、養子にはいった元良《もとよし》は役をえられないまま没し、その跡に小吉を迎えたのである。

天正期の鉄砲組に由緒をもつ勝家に対して、小吉の生家の男谷家は異色の成

▼**『寛政重修諸家譜』**　徳川幕府が編纂した、将軍家直属の家臣である大名・旗本、お目見え以上の諸家について、提出された先祖書をもとに、一七九八(寛政十)年までの世系を立て、家督継承者の経歴(生誕、官職、領地、石高、母、妻、子、葬地など)を記したもの。

▼**勝村**　一八六六(慶応《けいおう》二)年九月、海舟が長州《ちょうしゅう》戦争の終結に力をいれて大坂に滞在していたころに、近江国の勝村へ人をやって勝家の由緒を探ったことがあった。

▼**鉄砲玉薬組**　鉄砲の砲弾に使う火薬を扱う武士が所属する組。

▼**広敷番頭**　江戸城大奥《おおおく》の建物のうち男の役人が詰めている役所が御広敷で、ここには事務処理をする広敷用人以下の役人と、警備・監察を任務とする広敷番頭以下の役人がいた。

▼**男谷検校**　山上銀一は、最初故郷の村に近い小千谷《おじや》にちなんで小谷《おだに》検校を名乗ったが、同名の検校がいたため男谷検校に改めたという。

り立ちをもっていた。小吉の祖父は本名を山上銀一《やまがみぎんいち》といい、一七〇四（宝永《ほうえい》元）年に越後《えちご》国刈羽《かりは》郡（現、柏崎《かしわざき》市）の農家に生まれたが、幼いときから眼が不自由だったため、兄たちのいる江戸へでて、鍼医師《はりいし》として世に立つことを志した。盲人は富裕な商人たちから按摩《あんま》・鍼灸《しんきゅう》の治療代をえて、これを資金にした金融業を営むことが多かったが、幕府は盲人の貸金を「官金」と称して返済に強制力をもたせていた。初めは盲人救済の措置であったろうが、貸倒れの心配がないことから富裕町人が資金を盲人にあずけるようになり、盲人の手元にも金が溜まる金融のシステムができあがっていた。銀一もこの手法で資金をたくわえ、それを大名などに融通し、とくに、水戸《みと》藩邸に出入りし、その後ろ楯もあって盲人社会において最高位である検校《けんぎょう》の称号をえて、男谷検校▲を名乗っていた。

男谷検校の九男平蔵信俊《のぶとし》は、『寛政重修諸家譜』によると一七七六（安永《あんえい》五）年西丸《にしのまる》御持筒《もちづつ》の与力《よりき》に召し加えられている。おそらく父親の検校が与力の株を息子に買いあたえたものであろう。その後、役替わりで勘定方《かんじょうかた》に転じたのは三三歳のときで、知行は一〇〇俵というから、石高になおすと四〇石、勝家の知行高と同じ格であった。平蔵の跡を継いだ長男彦四郎《ひこしろう》も勘定方をつとめ、次男忠蔵《ちゅうぞう》は松坂《まつざか》家の養子となり同じく勘定方につとめた。三男が小吉である。

少年時代

しばらく小吉の記すところに従って、少年時代の歩みをたどってみよう。小吉が、七歳で勝家の養子となったとき、所属した小普請組《こぶしんくみ》▲頭《がしら》の石川右近《いしかわうこん》将《しょう》監《げん》に挨拶に出向いた。このとき「名は小吉、年は当十七歳」と答えて笑われたと記している。武家《ぶけ》の相続の規定は厳しく、一七歳以下の者を養子にとるときは吟味《ぎんみ》を要す、と定められていたので、小吉も口頭で一七歳と答えるように言い含められていたのであろう。当主のいない勝家を男谷の家で面倒をみることが養子の条件になっており、勝の祖母と幼女は、深川の男谷の屋敷地に引きとられた。

男谷の屋敷では、小吉は甘い母親のもとでわがまま放題に育ったが、父親はこのような末っ子を気にかけて、人並みに文武調練の機会をあたえてくれた。九歳のときには、横網《よこあみ》町にある柔術の稽古場にかよっていたが、相弟子たちとそりがあわず喧嘩ばかりしていたという。一〇歳になると馬の稽古を始め、一

▼**小普請組**　幕府の役職に就いていない下級の旗本や御家人が編入される組。当初は、彼らに江戸城内の小さな破損箇所を修復させる役を課していたが、十七世紀後半から役を課すかわりに小普請金をおさめさせた。

一歳には駿河台《するがだい》にある剣術の先生の門弟になって精をだし伝授をもらった。しかしここでは頭《かしら》の石川右近将監の息子を木刀でたたいて師匠に叱られている。一二歳のとき、兄の世話で湯島《ゆしま》の聖堂《せいどう》の寄宿部屋で『大学《だいがく》』を教えてもらったが性にあわず、いつもとなりの馬場へぬけて馬に乗ってばかりいたので破門され、兄からも馬に乗って銭金を使うのを叱られ、禁足を申し渡されている。柔術・馬術・剣術などといろいろ稽古事をしたが、いちばん小吉の性にあったのは馬術のようで、『大学』の聴講などはまったく性にあわなかったといっている。

小吉が九歳のとき、男谷家は本所亀沢《ほんじょかめさわ》町に新しく屋敷を普請して移転したが、このときから同じ敷地にあった勝家の屋敷に、小吉は祖母たちと一緒に住むことになった。養家の祖母は小吉に口やかましく叱言をいうし、小吉はまずい食事ばかりをくわせる憎いばばと思っていた。外へでれば近所の悪童たちと喧嘩をするし、内では祖母と口論がたえず、要するに住み心地がよくない毎日だったのであろう。

放浪と無頼

そんな生活が嫌になって、無断で家を飛びだしたのは、一八一五(文化《ぶんか》十二)年五月、小吉一四歳のときであった。家の財布から無断で七、八両を失敬し、当てもなく上方《かみがた》をめざして、品川《しながわ》から東海道《とうかいどう》を歩きはじめた。親切にされた二人組に気を許したところ、浜松《はままつ》宿で寝ているあいだに、着物や腹巻にまいた財布まで盗まれていた。途方に暮れていると、宿の亭主から杓《しゃく》を手渡され、これで銭や米をもらって抜《ぬけ》参り▲の姿で歩くことを教えられた。寺のお堂や川原の露天に寝泊りして乞食《こつじき》のような姿で伊勢《いせ》まで歩き、ここでは御師《おし》▲の家で親切にしてもらい食事をして風呂にはいって一泊した。その後は、浮浪者の仲間と旅を続け、伊勢と駿河府中《ふちゅう》(静岡)のあいだを往復していたが、途中、大名行列《だいみょうぎょうれつ》で長持《ながもち》を運ぶ親方に「上方はよせ、江戸へ帰れ」と意見されて、江戸へ向かう。最後は小田原《おだわら》の漁師の家に世話になり、漁を手伝っていたが、十四、五日も厄介《やっかい》になったら「俺の子になれ」と勧められて、やっと「こんなことをして一生いてもつまらない」と気がついて、四カ月ぶりに江戸に帰ってきたという。

一六歳になると、小普請組頭の石川宅に出勤して、はじめて頭と面談の機会

▼**抜参り**　伊勢参りの形態の一つで、村名主《なぬし》や主人の許しを受けずに参詣すること。宿賃がなければ野宿して、手にもった杓で沿道から食べ物をもらいながら参詣する慣行が許された。

▼**御師**　神に対する信者の祈願の仲立ちをする人。伊勢では参詣者に宿泊所も提供した。

をもった。そのときには、出奔《しゅっぽん》中の経緯をすべて話し、頭からはいずれ番入《ばんいり》させるとの話をもらったものの、なかなかその機会にめぐまれなかった。小吉は、知行をもとにした俸禄米《ほうろくまい》はえているが、このうえに番入、つまり幕府の役職に就くことができれば、幕府に奉公できるし別に役料《やくりょう》という役職手当をもらうことができる。小普請組にいては、役料はもらえず、反対に少額ではあるが小普請金を勘定方におさめなければならなかった。小吉は、なんとしても番入を願うが、それがかなわないのである。

　勝家の祖母とは相変わらず折合いが悪くて、家に帰らない日も多くなり、彼の「自伝」には、そのころから無頼《ぶらい》な行為の数々が描かれるようになった。小吉の兄は信州《しんしゅう》の代官《だいかん》▲をつとめていたが、その支配地から上がってきた年貢金《ねんぐきん》七〇〇〇両のうち二〇〇〇両に手をつけて吉原遊廓《よしわらゆうかく》で使ってしまったとか、近所の若い衆に喧嘩を売っては刀を振りまわして何人も傷つけたり、剣術では他流の道場へ試合を申し込み断わられると看板を取りはずすなど、無法な行いをしていた。また代官の兄の任地である信濃《しなの》へいって、陣屋《じんや》周辺に出没する博奕《ばくち》打ちと立回りを演じた末に捕えるなどの武勇伝もあった。

▼**信州の代官**　兄の男谷彦四郎は、信濃国中之条《なかのじょう》代官所の代官をつとめた。小吉は兄の任地先で榊木《さかき》村（現、長野県埴科《はにしな》郡坂城《さかき》町）の検見《けみ》をしたとも書いている。

一八歳のときに、兄の屋敷地のなかに家を建て、信子と所帯をもつことができた。このときに兄からこれまでの借金三〇〇両の証文と、家作料をもらい受け、父親からは家財道具一式を贈られて、勝家の当主として独り立ちすることになったのである。しかし番入の話はなく、地元の本所辺りで剣術に明け暮れ、仲間の仲裁やら子分たちをつれて他流試合やら喧嘩をして歩いていた。付合いがかさむと、借金もふえ、暮しが成り立っていかなくなり放浪の習癖《しゅうへき》がまた頭をもたげ、なにもかも放りだすと剣術道具だけを背負って家をでて、東海道を西へ向かって歩きだした。

箱根《はこね》の関所《せきしょ》は剣術修行を理由に手形なしでとおり、三島《みしま》の宿や大井川《おおいがわ》の渡しは水戸藩の御用を騙《かた》るなど、無法をつくして街道をぬけていった。数年前に乞食姿で右往左往したのとは大違いである。掛川《かけがわ》宿から近い遠州森《えんしゅうもり》町(現、静岡県周智《しゅうち》郡森町)にある雨《あめ》の宮《みや》神社▲の神主の息子が、以前江戸で剣術の仲間だったことを思いだし、そこに厄介になって村の若者に剣術の稽古をつけたりしてしばらくすごしたが、そのうち江戸から迎えが来て家に戻っている。

帰ると翌日に、父親に呼ばれて「おぬしはたびたび不埒《ふらち》があるから、当分は

▼**雨の宮神社**　天宮《あめみや》神社(現、静岡県森町)のことか。神主の息子中村帯刀《なかむらたてわき》は以前江戸へでてきた折に、小吉の世話で石川瀬兵次《いしかわせひょうじ》という剣術家に入門し、免許をとって帰郷していた。

逼塞《ひっそく》して始終の身を思案しろ。すぐには料簡《りょうけん》のつくものではないから一両年考えてみて、身のおさまりをするがいい。人は学問がなくてはならぬから、よく本でもみるがいい」と説教をくらい、家の座敷にこしらえた三畳の檻《おり》のなかに小吉は閉じ込められてしまった。座敷内のことなので、小吉はすぐに柱がぬけるような細工をしたが、よく考えたら「みんな、おれが悪いから起きたことだ」と気がついて、檻のなかで手習いを始めたという。毎日のように軍記物を読み、友人も訪ねてくるようになった。そうこうするうち翌年小吉二二歳のときに、信子に男子が出生した。麟太郎《りんたろう》のちの海舟である。二一歳の秋から二四歳の冬まで都合三年間、檻のなかにはいっていた。

座敷牢《ざしきろう》をでると、上下《かみしも》など衣装を整えて小普請組の頭をたずねて番入を願い、また父親のコネをたどった運動もしてみたが、小吉の昔の評判がたたったものか、なかなか声はかからず、そのうちに父親が卒中であっけなく亡くなり、結局小吉は終生幕府の役職に就くことはできなかった。

無役の小吉は、武士の定収入である俸禄だけでは、とても食べていかれず、古道具の売買や刀剣の鑑定取引などによって生計を支えていた。剣術の腕があることから近隣の道場のいざこざには仲裁役として名をあげ、周辺の剣術遣いやくざたちのあいだでは顔が売れ「本所の男伊達《おとこだて》」といわれるまでになっていた。

住居は男谷の屋敷地をでてから、本所界隈《かいわい》にある旗本たちの屋敷地を転々としていたが、一八三〇(天保《てんぽう》元)年、小吉二九歳のときに旗本岡野孫一郎《おかのまごいちろう》▲の地所に移った。大きな旗本たちは、拝領した屋敷地の片隅に小さな住居をこしらえ、屋敷のない御家人・旗本に賃貸しをしていたのである。小吉はここで、地主岡野家のためにいろいろと奔走した。たとえば、当主融政《とけまさ》の母親に頼まれて借金の始末をしたり、ふしだらな当主を隠居させたうえ、家督《かとく》を継いだ息子融貞《とけさだ》の嫁の世話までしてやったけれども、お節介がすぎて逆に敬遠されるようにもなった。

他人の世話はよくするものの、自分の始末は不首尾なことが多く、とくに男谷の父親に死なれてからは、兄との関係が悪くなり、金銭の貸借問題もあって、結局一八三八(天保九)年春、小吉は三七歳で隠居して、一六歳の息子麟太郎に家督を譲ることになった。

▼**岡野孫一郎**　岡野孫一郎融政は、一八二一(文政四)年、父親の死後一五〇〇石の家督を継ぎ、書《しょ》院番《いんばん》に就いたが、のちに小普請組に編入され無役になった。小吉は母親に頼まれ、融政を隠居させ一四歳の息子融貞に跡を継がせていた。

隠居の夢酔老

　小吉は隠居してからも地主の岡野家の家政《かせい》に深くかかわっていくことになる。岡野家は、関東・関西の五つの村に一五〇〇石余の知行地▲をもっており、男谷家などよりは一ランク上の旗本であったが、隠居や同居する叔父の贅沢《ぜいたく》な生活のために年貢だけでは家計をまかなうことができず、公金《こうきん》貸付▲に手をだしたり、知行地の村に年貢の先納を求めたりしてやりくりしていた。一時は知行地の名主が勝手《かって》賄《まかな》いになって殿様の家計▲を管理して、年間の支出目標を立てるなど倹約の体制をつくりあげたものの、百姓《ひゃくしょう》賄いによる倹約をきらった後見役《こうけんやく》の叔父が、新しく家計をまかせる用人に大川丈助《おおかわじょうすけ》という男を雇い入れた。丈助の賄い方式は、とくに節約はしないで、不足した分は自分の立替金ですませてしまうやり方である。これが積もって年末に三〇〇両を超えると、主家に清算を求めるので、岡野家では丈助を罷免して、その立替金を帳消しにしようとした。旗本が借金を踏み倒して生き延びる常套策《じょうとうさく》である。

　しかし丈助は、訴訟にも明るい男で、免職を言い渡されると岡野家に未払い分の扶持米《ふちまい》と、証文のあるこれまでの立替金三三九両の返済を請求し、いれら

▼**岡野家の知行地**　岡野家が知行する村は、相模《さがみ》国淵野辺《ふちのべ》村（相模《さがみ》原《はら》市）二七二石、武蔵《むさし》国上須戸《かみすこ》村（熊谷《くまがや》市）三五〇石、武蔵国弥藤吾《やとうご》村（熊谷市）一五〇石、摂津国御願塚村（伊丹市）五一二石、近江国北《きた》脇《わき》村（日野《ひの》町）三八七石であった。

▼**公金貸付**　幕府の公金を旗本らに知行地の百姓の土地を担保に貸しつける制度。返済の強制で農村の疲弊を招くことが多かった。

▼**旗本の家計**　旗本家の財政（家計）処理のことを勝手賄いというが、家計困難になると才覚のある用人を雇ったり、あるいは知行地の名主にまかせる（百姓賄い）こともあった。

れないと老中《ろうじゅう》に駕籠訴《かごそ》▲したのである。その結果、丈助の身柄を岡野家が責任をもってあずかるように老中から言い渡されてしまった。ここで岡野家の落度をとがめられると、折角の番入が御破算《ごはさん》になりかねないので、なんとか無事におさめなければならなかった。家政に口出しをする小吉が煙たくて一度は追出しをはかったこともあったが、今度の件のような喧嘩出入りをおさめるには抜群の能力をもっているとして、親類縁者が一同そろって頭をさげ、改めて小吉を調停役に迎え入れたのである。

小吉のこれまでの手法であれば、大川丈助を威嚇し、借金を踏み倒すか、借金棒引きの交渉にはいるのであるが、相手は訴訟に長《た》け、駕籠訴によって公的立場を獲得しているので、下手《へた》に脅しをかけると岡野家の失態が表面化しかねない。そこで小吉は、丈助の立替金三〇〇余両をすべて年内に返済することを目標にして、比較的裕福な上方の知行地の村から御用金を取り立てることとした。ただしこれまでに多額の先納金を負担していた村が、この案に応じるとは、誰も思ってはいなかった。

一八三九(天保十)年十一月、小吉は岡野孫一郎家来《けらい》の勝《かつ》左《さ》衛門《えもん》太郎《たろう》夢酔《むすい》と詐

▼**駕籠訴**　江戸幕府の老中など高官の駕籠を待ち受けて直訴《じきそ》すること。訴訟の手続きを省いた越訴《おっそ》の一種であるが、違法というわけではない。訴訟を受けたら直訴した者の身柄を確保したうえで、関係する部署が内容を検討し処置した。

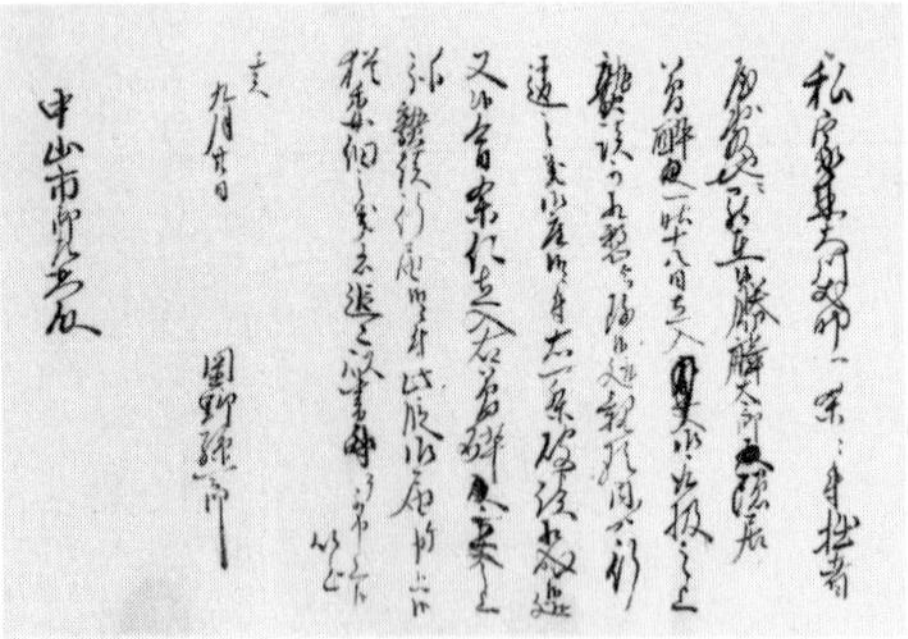

小吉が仲裁にはいった旨を示す史料　岡野家が知行した相模《さがみ》国淵野辺《ふちのべ》村の名主家に残る古文書のうちに、岡野家の騒動に小吉が仲裁にはいって示談が整ったことを、上司に報告した手紙の写しがある。

称して、供《とも》回り数人を引きつれて江戸を発ち、摂津《せっつ》の知行地御願塚《ごがんづか》村（現、兵庫県伊丹《いたみ》市）へ向かった。この村は、岡野家の古くからの知行地の一つであり、関東の貧乏村とは違い、木綿作《もめんさく》が盛んな富裕なところが夢酔の狙いであった。御願塚村では、これまで課せられてきた御用金が七〇〇両にもおよぶので、もう一銭も用立てられないという姿勢をくずさず、百姓たちもしぶとく抵抗した。夢酔は、じっくりと村に腰をすえ、大坂町奉行所《まちぶぎょうしょ》の用人が旧知の間柄であったのを利用して、あたかも町奉行と親交があるかにみせたりし、あげくは、近くの幕府代官をだきこんで、村人を全員集めた席で、集金が果たせないうえは切腹するといって、白装束で短刀をぬくといった大芝居を演じ、最後にはまんまと六〇〇両の大金を村から召し上げてしまう経緯は『夢酔独言』に詳しく語られているところである。

江戸へ帰った夢酔こと小吉は、三〇〇余両を丈助に返済してこの騒動に幕をおろした。一見すると小吉のホラ話とも受けとられかねない物語ではあるが、岡野家の知行村に今も残っている古文書《こもんじょ》のなかにこれを裏づけるいくつかの史料をみつけることができ、ほぼ実話であったことが確認できるのである。

この事件後に岡野家は、表向き「病気に付き、御番免《ごばんめん》を願い」、せっかく獲得していた西丸小姓役《こしょうやく》を免ぜられ無役に戻されている。小吉も、届けもなく無断で江戸を離れたことをとがめられ、他行留《たぎょうどめ》・謹慎を命じられた。隠居の身分だったので、勝家の処分にいたらなかったのは幸運というほかない。

その後、茶道具の蒐集にはまって金銭の融通に困った小吉は、近隣の女郎屋の用心棒のような仕事で生活していたが、一八四一(天保十二)年に幕政の改革令が発せられると、不良旗本の取締りが厳しくなり、小吉の行いも小普請組の頭にみつかって蟄居《ちっきょ》・謹慎を申し渡された。今回の処分は一等《いっとう》重く、虎の門にある同僚の保科栄次郎《ほしなえいじろう》▲の屋敷地内の小さな家に家族ともども押し込められた。

小吉はこの家を、その土地の名にちなんで鶯谷庵《おうこくあん》▲と名づけ、ここで脚気《かっけ》の療養をかねて、読書と著述の日々を送ることになった。

小吉のリテラシー

晩年小吉は、一八四三(天保十四)年四二歳のときに、鶯谷庵で『平子龍《ひらしりゅう》先生遺事』と『夢酔独言』の二つの文章を書き上げた。『平子龍先生遺事』は、江戸四《よつ》

▼**保科栄次郎**　知行地二五〇〇石をもつ旗本。無役で小普請組に編入されていた。小吉は同じ組に属していた保科屋敷の一角を借りて逼塞を命じられたもの。

▼**鶯谷庵**　鶯谷庵の所在地については、ながく台東区《たいとう》の鶯谷《うぐいすだに》と考えられていたが、近年、保科屋敷のあった虎の門(現、千代田区《ちよだ》)にも鶯谷の地名があることが知られた。保科家のある通りの坂道は、曲りくねっているところから、「さざえ尻」と呼ばれていたが、『新編　江戸名所図誌』によると、この道は一名鶯坂、その近辺は鶯谷と呼ばれていたという。

谷《や》に住む兵学者平山行蔵《ひらやまこうぞう》(子龍《しりゅう》)▲との交流を記録したものである。平山は、三〇俵二人扶持の御家人で、無役ではあったが学者として、また長刀を差す武芸者として世に知られていた。小吉がまだ仲間と徒党をくんで遊んでいた十六、七歳のころ、当時すでに六〇歳を超えていた平山に私淑《ししゅく》して、何度か自宅をたずねたことがあったが、このときに交わした会話を思いだし「筆に任せて書き綴」ったものであった。

『夢酔独言』は、平易な話し言葉で書かれていることで知られている。「おれほどの馬鹿な者は世の中にあんまり有るまいとおもふ」という書き出しで始まり、最後を「男たるものは決しておれが真似はしないがいい」と締めくくる小吉の半生の物語は、一人の御家人の奔放で無頼な生活ぶりを口語体の文章で活写した希有な自伝文学といわれている。『夢酔独言』の天衣無縫な口語体と較べると『平子龍先生遺事』の文章は整った文体なので、こちらは他人の手がはいっているのではないかという説もあるけれども、両方の文章にある小吉一四歳の放浪の思い出を較べてみると、文体は異なっても同一人が書いた文章であることにまちがいあるまい。

▼**平山行蔵(子龍)**　一七五九〜一八二八。儒学《じゅがく》・兵学《へいがく》に明るく、実用の学を重んじて『実用館読例《じつようかんどくれい》』という書を著わしている。また『海防問答《かいぼうもんどう》』の著書もあり、幕府の儒官柴野栗山《じゅかんしばのりつざん》、水戸藩の藤田幽谷《ふじたゆうこく》らと交流があったという。

若い時代に無学を誇り無頼な生活を送っていた男が、どのようにしてこの二つの文章を書くことができたのであろうか。小吉のリテラシー（読み・書き）について考えてみたい。一二歳のときに『大学』を教わる機会をみずから放棄しており、一六歳ではじめて小普請組頭の家に出勤したときは受付の帳面に自分の名前が書けなくて、人に頼んで書いてもらったというから、このときは寺子屋《てらこや》レベルの教育もない無筆同然だったのである。二一歳で座敷牢にいれられたときに、父親から「人は学問がなくてはならぬから、よく本でもみるがいい」といわれ、檻のなかで手習いを始め、軍書などを毎日みたというから、まともに読み・書きを覚えたのはこの時期であろう。自分でも「無学にして、手跡《しゅせき》も二十余になって手前の用ができるようになった」といっており、二〇歳をすぎてからようやく自分で筆が使えるようになったというのである。

その後、二十数年の人生経験をへて文字に親しむ機会もふえた結果、淡々と記憶をたどって、私淑した先生の言行《げんこう》を書き留めた『平子龍先生遺事』が生まれたのである。また自叙伝というジャンルがいまだ成立していない時代に、自分の半生を息子に語るには、上下を着たような文体はふさわしくないと思ったのであろう。独自の口語体を基調にして、けっして稚拙《ちせつ》とはいえない平易な話し言葉の文章で『夢酔独言』を書き上げたのである。

小吉は、その後鶯谷庵で余生を送り、一八五〇(嘉永《かえい》三)年に四九歳で没した。遺書は残さなかったが、数年前に書いた『夢酔独言』のなかで、自分の家族について「息子は、益友《えきゆう》をともにして、悪友につきあわず、武芸に遊んでいて、おれに孝心にしてくれて、よく兄弟をもあわれみ、倹素《けんそ》にして物を遣《や》らず、麁服《そふく》をも恥じず、粗食し、おれが困らぬようにしてくれ、娘が家内中の世話をしてくれて、なにもおれ夫婦が少しも苦労のないようにするから、今は誠の楽隠居になった」と平安な心境を語り、まだ世にでていない麟太郎に対しても感謝と優しさのまなざしを向けている。

小吉は勝家代々の墓のある江戸牛込赤城下《うしごめあかぎした》(現、新宿区《しんじゅく》)の清隆寺《せいりゅうじ》にほうむられた。のちに静岡の蓮光寺《れんこうじ》にある妻信子の墓に合葬されたが、このとき海舟は父親への思いを墓石に彫った。「父は人となり大まかで、物事にこだわらず、いったん承諾したことは必ず実行する性質であった。容貌魁偉《ようぼうかいい》で、若くして撃剣《げきけん》を好み、その奥義《おうぎ》に達し門人数十人を擁していた。しかし当時頽廃華美《たいはいかび》な風潮のなかで、身を持するに倹朴《けんぼく》であったため志をえないで世を去った」と。

小吉死後一六年たった一八六六(慶応二)年九月、関東の某小藩の重臣をつとめる男が、大坂に滞在中の海舟をたずねてきたことがあった。小吉の昔の知己《ちき》▲であったといって懐旧談を語っていったが、その折に海舟は「嗚呼《ああ》、大父もし此人の如くならば、何の恨みあらむ哉」と、複雑な感想をもらしている。

後世、小吉は海舟との対比のなかで「乱世の英雄とでもいうべき資格を備えた人」(山路愛山《やまじあいざん》▲『勝海舟』)と称揚されたり、あるいは「不良老人の標本とも言うべき人」(徳富蘇峰《とくとみそほう》▲『勝海舟伝』)といわれるほどに振幅のある評価を受けていることを思えば、息子の思いがゆれるのも致し方ないであろう。

勝小吉は、閉塞した御家人社会のなかで、自身がめざした番入がかなわず、幕臣として役に立つことはできなかった。しかし晩年に自分の生き方を振り返って記した半生の記録『夢酔独言』が、本人も気づかなかった文章表現によって、今日では江戸の口語体による貴重な自伝文学の傑作として伝えられているのである。

▼**小吉の知人**　『海舟日記』慶応二(一八六六)年九月二十九日条によると、海舟は小吉の知人であった上総飯野《かずさいいの》藩(二万石)の中老《ちゅうろう》樋口《ひぐち》弥一郎《やいちろう》の訪問をうけている。

▼**山路愛山**　一八六四〜一九一七。ジャーナリスト、『国民之友《こくみんのとも》』記者、『信濃毎日新聞』主筆。一九一一(明治四十四)年、平民《へいみん》主義の立場から『勝海舟』を刊行した。

▼**徳富蘇峰**　一八六三〜一九五七。言論人。『国民新聞』創刊、日清《にっしん》戦争後は国家主義的主張を展開した。海舟の晩年には氷川屋敷地内に家を借りていたことがある。一九三二(昭和七)年に『勝海舟伝』を刊行。

②麟太郎の小普請組脱出——咸臨丸で太平洋を渡る

一六歳で家を継ぐ

勝海舟、幼名麟太郎《りんたろう》が、一八二三(文政《ぶんせい》六)年正月三十日に江戸本所亀沢町《えどほんじょかめさわ》で生まれたことはすでに記した。母親は勝家の居つき娘の信子《のぶこ》一九歳、父親は男谷《おだに》家から養子にはいった小吉二二歳、小吉が座敷牢《ざしきろう》に閉じ込められているさなかの出生であった。

『夢酔独言《むすいどくげん》』のなかに麟太郎が登場するのは、小吉が刀剣の講《こう》に熱中していたころのこととして、「息子は御殿《ごてん》へ上がっているから世話はなかった。息子が七歳のときだ」と書き留めているのが最初である。男谷家の親類に大奥《おおおく》に仕える女性がおり、その縁で麟太郎が御殿に上がったときに目に留められたものか、将軍家斉《いえなり》の孫初之丞《はつのじょう》の相手に選ばれた。江戸城西丸《にしのまる》の奥に呼ばれて、世子家《せいしいえ》慶《よし》▲の五男坊の遊び相手をおおせつかったのである。九歳で御殿をさがったといわれるが、海舟の晩年の座談のなかで、自分は初之丞に気に入られて、一二歳まではお付きをしていたと回想しているから、そのころまでは時に応じて呼び

▼**徳川家慶**　第十二代将軍。十一代家斉が隠居した一八三七(天保八)年に将軍に就いたが、それまでは世子(跡継ぎ)として江戸城西丸を住居としていた。

だされ剣術や講読の相手をつとめたということであろうか。その後一八三七(天保《てんぽう》八)年、初之丞は慶昌《よしまさ》を名乗って一橋家《ひとつばしけ》を継いだので、これに従って麟太郎も一橋家▲へ召しだされる話が進んでいたところ、翌年、突然慶昌が病没したため、麟太郎が期待していた仕官《しかん》の夢は消えてしまった。この年に小吉が隠居、一六歳で家督《かとく》を譲られた麟太郎は、父親と同じく無役の身から番入《ばんいり》をめざす一〇〇俵取りの御家人《ごけにん》として、人生をスタートすることになった。

オランダ語を学ぶ

麟太郎は、父の友人だった島田虎之助《しまだとらのすけ》▲の道場に住み込んで剣術の修行を続けた。学問については、まだ九歳のころに近所の旗本《はたもと》の用人のところへ本の稽古にかよったとあるのは寺子屋《てらこや》レベルの漢学初歩の学びと考えてよいだろうが、その後はとくに師を選んで漢学塾にかよった形跡はみられない。そのかわりに麟太郎は、西洋の学問の糸口にあたるオランダ語を学ぼうとして永井青崖《ながいせいがい》▲の門をたたいた。後年蘭学者《らんがくしゃ》仲間に宛てた手紙のなかで「その頃、筑前藩《ちくぜんはん》永井青崖と申す人につき、『ガラマチカ』(文法)など読習。官よりは禁足を命ぜられおり、

▼**一橋家**　一橋家は、徳川家の分家。御三卿《ごさんきょう》の一つ。一七四一(寛保《かんぽう》元)年徳川吉宗《よしむね》の四男宗尹《むねただ》が、江戸城一橋門内に居住したのに始まる。

▼**島田虎之助**　一八一四～五二。豊前国中津《ぶぜんのくになかつ》の出身。一八三八(天保九)年江戸にのぼり男谷精一郎《せいいちろう》の道場に入門し免許を許され、浅草新堀《あさくさしんぼり》に道場を開いた。麟太郎は、父小吉が逼塞をこうむったこともあり、一人で島田道場に住まい、剣術と禅の修行に打ち込んでいた時期があった。

▼**永井青崖**　筑前藩主黒田斉溥《くろだなりひろ》に仕えた蘭学者。箕作阮甫《みつくりげんぽ》の弟子。一八四七(弘化四)年に『万国輿地方図《よちほうず》』という世界地理書を著わす。

夜中に他行するくらいの事にて、実にをかしき事に候」と書いている。禁足を命じられていたのが、小吉の「他行留《たぎょうどめ》」をさすのであれば、一八四〇(天保十一)年麟太郎が一八歳のころである。また「我れ十八歳の時、万国地図《ばんこくちず》一見、大いに恐嘆す。この世界に生を受けて、僅かに一国に屈す、豈《あに》大丈夫の志ならむや、万国を周遊せずんば終《つい》に人たる甲斐なからむやと。またおもう蟹行文《かいこうぶん》(横文字)といへども同じく地球内中の人類書きしものなり、豈読むに難《かた》からんと。志を決して官途に望なく、ただ生あるうちに学術を修行せんとの思い益々かたし」と記し、無役の身から脱する希望のないままに、世界地図をみて横文字を修行しようと決心したのである。

麟太郎は、二三歳のとき、妻民《たみ》を娶った。民は、二歳年上の女性で、砥目屋《とのめ》という薪炭屋兼質屋の娘であったが、もとの地主《じぬし》だった旗本岡野《おかの》家の養女という形を整えて妻にしたのであった。翌一八四六(弘化《こうか》三)年には、青崖のいる筑前藩邸の近く赤坂田町《あかさかたまち》に居を移した。子どもも、この年に長女夢子《ゆめこ》、三年後には次女孝子《たかこ》、五年後の一八五二(嘉永《かえい》五)年には長男小鹿《ころく》が生まれた。

一八五〇(嘉永三)年小吉が没した年に、麟太郎は赤坂の自宅で蘭学を教える氷解塾《ひょうかいじゅく》を開いた。後年に海舟の名が上がってからは人気もでたが、当初はわずかの塾生に細々とオランダ語の初級文法を教えていた程度のものであった。麟太郎の生活は経済的に貧窮をきわめ、「そのころのおれの貧乏といったら非常なもので、畳といえば破れたのが三枚ばかりしかないし、天井といえばみんな薪にたいてしまって、板一枚も残っていなかった」と当時をふりかえっている。▲

生活は、塾の月謝とたまにはいる翻訳謝礼金だった。海外情報が求められる時代になってオランダ語の翻訳の需要も少しずつふえ、ときには薩摩藩《さつまはん》などの大藩からは手間賃の高い翻訳アルバイトも出回っていたらしい。そのなかで、麟太郎が試みたのは、大型の蘭日《らんにち》辞書『ヅーフ・ハルマ』▲の筆写であった。当時は、ほしい本を他人から借用して筆写することは珍しいことではなかったが、語数九万余という大部な辞書、しかも洋字と和字のまじったものをペン書きで独力で筆写するのはたいへんな仕事であった。彼は二部筆写して一部は売却し、もう一部は塾の目玉にして備えている。

また麟太郎の蘭学修学のパトロンとなって助けてくれたのが商人の渋田利《しぶたり》右

▼**氷解塾の思い出**　塾長をまかされた杉亨二《すぎきょうじ》は、はじめて塾を訪れたときのことを「その時、勝は赤坂田町におりまして、家の内にも、表にも突っかい棒をして、見るから容易ならぬ暮らしでした。応接の間は、確か六畳で、ごくむさ苦しい家であった」と後年回想している。

▼**『ヅーフ・ハルマ』**　オランダのハルマの編纂した「蘭仏辞書」をもとに商館長ヅーフが長崎の通詞たちと二〇年以上かけて完成させた蘭日辞書。当時は一般の刊行が許されなかったので、蘭学に興味をもつ大名は大金をだして写本をつくらせていた。大坂の緒方《おがた》塾では一部備えて、みなで引っぱりだこで使用していたと福澤諭吉《ふくざわゆきち》は証言している（『福翁自伝《ふくおうじでん》』）。

衛門《えもん》▲であった。渋田は、箱館《はこだて》の廻船《かいせん》問屋であるが、江戸に商用で来ると好きな書物を求めており、麟太郎とは洋書を扱う古本屋で知りあったという。渋田は、珍しい書物があったら買ってください、読み終ったら送ってくれればいいといって、二〇〇両もの金を麟太郎にあずけてくれたのである。渋田が紹介してくれた伊勢《いせ》の醸造業者の竹川竹斎《たけがわちくさい》▲・竹口信義《たけぐちのぶよし》兄弟や紀州の醬油業の浜口梧陵《はまぐちごりょう》らもよき援助者であった。

蘭学の仲間の一人として佐久間象山《さくましょうざん》とも交わりをもった。象山は、麟太郎より一〇歳年長であり、すでに信濃松代《しなのまつしろ》藩で重用されており、藩主真田幸貫《はんしゅさなだゆきつら》が幕府《ばくふ》の海防掛老中《かいぼうがかりろうじゅう》に就いた折には、海外の情報を調査して海防意見書を提出している。その後江川英龍《えがわひでたつ》のもとで砲術を学び、一八五〇年には江戸深川《ふかがわ》の藩邸において砲術教授の塾を開いたが、麟太郎が知りあったのはこのころである。親交が深まると、象山は麟太郎の妹順《じゅん》(一七歳)をみそめて正妻に迎えている。▲象山宅には「海舟書屋《かいしゅうしょおく》」と墨書された額がかかっていたが、麟太郎はこの額が気に入って譲り受け、終生自宅の書斎に掲げていた。「海舟」という麟太郎の号は、ここからとったものである。彼が署名などで海舟を使うのは後年であるが、

▼**渋田利右衛門**　一八一八〜五八。箱館の廻船問屋。海舟が長崎に出張中に死去した。膨大な蔵書は海舟の口利きで箱館奉行所が買い上げたが、一八七八(明治十一)年の大火で焼失したという。

▼**竹川竹斎**　竹川家では、現在も幕末《ばくまつ》から収集した書物を射和文《いざわぶん》庫《こ》(松阪《まつざか》市)として残しており、ここには海舟からの書簡十数点も保存されている。

▼**佐久間象山の海舟評**　象山(一八一一〜六四)は順と結婚する際、松代藩の同僚に次の手紙を書いた。嫁にするのは「御直参《ごじきさん》勝麟太郎と申す人の妹にござ候。麟太郎はなかなか御旗本衆には珍しき人物にて、漢学もかなり出来、西洋書もすこぶる読め申し候、剣術もよくでき候、一昨年来、砲術をば小弟へ入門にて門弟のうちにても指を屈し候人にて、懇意に致し候人物にてござ候」と義兄海舟のことを紹介している。

アメリカでの海舟(1860〈万延元〉年)

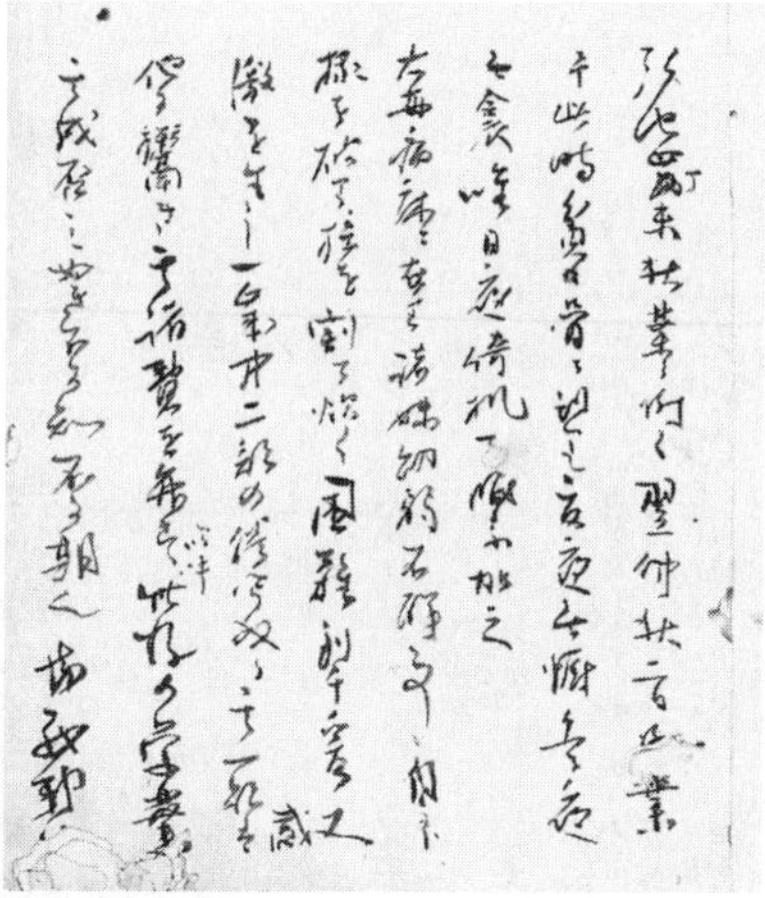
『ヅーフ・ハルマ』写本の海舟自筆の奥書

勝海舟が1年がかりで書き写した『ヅーフ・ハルマ』辞書(1848〈嘉永元〉年完写)

佐久間象山から譲り受けた「海舟書屋」の額

本書では便宜上、次項のペリー来航の年から海舟と呼ぶことにしよう。

他方、象山より一足早く蘭学に足を踏み入れていた高野長英《たかのちょうえい》▲は、蕃社《ばんしゃ》の獄《ごく》に連座して幕吏《ばくり》に追われていた。一八五〇年のある晩に麟太郎をたずね「大いに時事を談論し」て帰っていったが、その一カ月後に逃げきれず自刃《じじん》している。麟太郎にしても、一生懸命オランダ語の学習に精をいれていたが、これが果たしてなにか世の役に立つものかもわかっておらず、閉ざされた社会のなかで、その力を発揮する方向をみいだせていなかった。

ペリー来航

そのころ外国船が、たびたびわが国の沿岸を訪れていたが、一八五二（嘉永五）年ペリー艦隊は日本に向けてアメリカを出発していた。一八五三（嘉永六）年正月に、海舟は「蠏行私言《かいこうしげん》」と題した文章を書いている。蠏行（蟹行）つまり横文字の海外情報を読んだ個人的な感想であるから、ペリー来航直前における彼の関心がどこにあったかを示している。ここでは、巨大な外国艦船の艦砲射撃による攻撃の危険性を訴え、これを迎え撃つには十字射撃ができる沿岸各所の台《だい》

▼高野長英　一八〇四〜五〇。一八二〇（文政三）年から蘭学を学び、二五（同八）年には長崎で蘭医のシーボルトに師事した。一八三九（天保十）年に政治疑獄事件の蛮社の獄に連座し、著作『戊戌夢物語《ぼじゅつゆめものがたり》』でモリソン号事件に対する幕府の対応を批判したこともあって永牢《えいろう》に処せられた。一八四四（弘化元）年牢の火災に乗じて脱獄し、変名で活動していたが、五〇（嘉永三）年に幕吏に襲われて自殺した。

場《ば》と大砲の準備が必要であるとし、これを実行するには指揮官を選び、兵制を改め、言路を開放することが必要であるが、現状では危機に際し慷慨《こうがい》の志をいだく者は狂人扱いされると述べている。蘭書からえた西洋の知識を基に外国と日本の軍事技術を比較したうえで、国内態勢の危機的状況に警鐘を鳴らしていることが注目される。

一八五三年六月、ペリーの率いるアメリカ艦隊が浦賀《うらが》に来航し、開国《かいこく》を求めたアメリカ大統領の親書《しんしょ》を幕府役人に手渡すと、その回答をえるために翌年再来航することを約束して退去した。幕府は老中首座阿部正弘《あべまさひろ》▲のもと、全国の大《だい》名《みょう》をはじめ諸有司《ゆうし》から対外政策に関する意見を求めた。諸家の意見は、鎖国《さこく》の祖法を守るために外国と一戦を交えることも辞さないという原則論に立った主戦論か、戦力がつくまで相手に対する返答を引き延ばすという現実主義に立った避戦論かに分かれ議論を戦わせていたが、その後の歴史の経過をみればわかるとおり、アメリカに続いてほかの諸国も通商を求めて来航する現実の前には、これらの机上の議論はなんの役にも立たなかった。海舟は、ペリーが去った七月に二通の海防意見書を提出している。

▼**阿部正弘**　一八一九〜五七。備後《びんご》国福山《ふくやま》藩主、老中。在任中に日米和親《わしん》条約を締結し、開国に導いた。

大久保忠寛

最初の意見書では、緊急の必要な処置として、軍政の変革、軍将の選択、調練の強化、旗本の役割、そして江戸内海の防衛をあげるが、とくに外国船の進入に対する沿岸防衛の体制の必要を説き、内海の台場建造について具体的に指摘している。これらは、半年前に「蠏行私言」で記したことであった。

二通目の意見書では、さらに五点について具体的に意見を述べている。第一は、外交担当の役人(外国目付《めつけ》)には人物を選び、上に立つ者(老中)の前で外交の処置について考究、議論させ、下情が上へ伝わり言路が開けるようにすること。第二に、海防には軍艦製造が必須であり、その費用には清国《しんこく》・ロシア・朝鮮などの港で出貿易を盛んにしその利益をあてるべきであること。第三に、外国船はまず艦砲射撃で攻撃するから、海岸や台場に大砲を備え防衛すること。第四に、防衛の主体である旗本は「西洋風の兵制に改正」すること、教練学校を設置し教授は諸藩からも選び、調練場では実用的に運用し参加者には賃銭の支払いも考慮すること。第五に、火薬原料の人工硝石《しょうせき》を製造する作硝場《さくしょうじょう》を設けること。

このように勝の提案は、いたずらに危機意識を煽る建議とは異なって、軍艦製造の費用は外国貿易によって賄うとか、西洋風の兵制を立てるとか、あるいは従来の講武所▲における調練法を抜本的に改めるなどと既成の枠にとらわれない具体的なプランの提言であった。

　二通の意見書は、幕府内部でも当時開明的だった海防掛目付のあいだには反響がみられた。海舟はそのころ竹川竹斎宛の書簡のなかで、目付の大久保忠寛《おおくぼただひろ》▲（一翁《いちおう》）のことを「殊更《ことさら》の人物、学問心術兼備の一英傑」と書いていたが、一八五五（安政《あんせい》二）年正月には、その大久保の推薦で翻訳調所《ほんやくしらべしょ》（のちの蕃書調所《ばんしょしらべしょ》）出役《しゅつやく》を命じられ、ついで大坂湾の防衛体制を調査する一行に大久保とともに加えられた。この調査団は、勘定方《かんじょうかた》と目付役人による合同の現地調査であるが、緊急の大坂湾防衛という任務をおっているので、無役ではあるが、すでに江戸の内海の防衛に専門的な見識を披瀝していた海舟の助言を求めて、同行を依頼したものであろう。調査の日程をみると、途中伊勢で竹川との面談も公式の日程に組み入れており、海舟は調査のお供というよりは、専門家の客分として同行し、竹川ら在野の意見を取り入れて実地を検分している。この調査報告では、大坂湾一帯の海防計画を海舟が一人で書き上げているのである。

▼**講武所**　幕府の武術調練機関。一八五六（安政三）年江戸築地に開く。当初は、剣術・槍術・水泳・西洋砲術をおもな科目としたが、その後洋式軍制の機関になり、小《お》川町《がわまち》に移転、一八六六（慶応《けいおう》二）年には陸軍所と改称した。

▼**大久保忠寛**　一八一七〜八八。五〇〇〇石の旗本。将軍家斉の小姓、一八五四（安政元）年海防掛目付、駿府《すんぷ》町奉行、京都東《ひがし》町奉行、五九（同六）年一橋派に連座して寄合《よりあい》。一八六一（文久元）年外国奉行、御《お》側《そば》御用取次、六二（同二）年開国論を主張して免職。一八六八（明治元）年会計総裁、海舟とともに江戸開城へ。維新《いしん》後は、静岡県知事、東京府知事などを歴任、元老院《げんろういん》議員、子爵《ししゃく》。海舟とは晩年まで交流があった。

カッテンディーケ

▼**永井尚志**　一八一六〜九一。旗本。長崎の在勤目付として海軍伝習所の創設に参加し、海舟たちの訓練を助けた。その後外国奉行、軍艦奉行をつとめたが、大老井伊直弼によって退けられた。復帰後幕末には若年寄《わかどしより》として鳥羽《とば》・伏見《ふしみ》の戦いに従軍、その後箱館戦争にも参加したが、降伏後明治政府に出仕した。

長崎海軍伝習所の三年

幕府はペリー来航後、自前の海軍創設をめざして、以前より関係のあったオランダから軍艦を購入することとし長崎商館長を通じて交渉を始めた。一八五五(安政二)年六月、オランダは、注文した二艘の船舶が完成するまでのあいだ、練習船一艘を献上するとともに、日本海軍を育成するための教官団二十数人を派遣した。これに対して日本側は伝習生を編成し長崎へ送り、長崎目付の永井《ながい》尚志《なおゆき》▲が全体の取締りにあたった。このとき海舟も派遣を命じられ、永井のもとで生徒の監督の任務にあたるとともに、将来の艦長候補として、オランダ教官の伝習科目を研鑽、修得することを期待された。当時、海舟は小普請組《こぶしんぐみ》ながら蕃書調所の出役として舶来電信機の操作に従事していたから、いまさら長崎で伝習にあたることには当惑していると、象山への手紙で述べていた。長崎行きが本決りになると、「海軍伝習重立取扱《でんしゅうおもだちとりあつかい》」を命ぜられ小十人組へ番入、翌年には大番へ番替えされている。ようやく念願の小普請組から脱出することができたのである。

伝習所の授業は、月曜から土曜まで、毎日四時限の時間割をくんで、オランダ語・数学などの机上の授業とともに、航海・造船・砲術・船具・蒸気など練習艦を使った実践的な授業がくまれていた。通訳はついたものの、全科目オランダ語の授業である。幕府から長崎へ派遣された伝習生は三七人だったが、このほか海軍に関心ある諸藩にも門戸が開かれており、その結果、佐賀藩からの四八人を筆頭に、福岡藩・薩摩藩・長州《ちょうしゅう》藩など合計すると八藩から一二九人が参加した。その内訳は多様で、幕府関係でも海上船舶に関わりのあった部署からは浦賀奉行所《ぶぎょうしょ》から一一人の参加があるのみで、ほかには江川代官所《だいかんしょ》、鉄砲方、講武所《こうぶしょ》の砲術師範、天文方《てんもんがた》など鉄砲・砲術に関わりのあった部署から参加した者が多く、オランダ側の海軍士官養成のカリキュラムと齟齬《そご》をきたしていた。このため砲術の技術習得を目的とした大半の伝習生は一年で引き上げ、残留した海舟たち海軍士官志望者は、翌年来日したカッテンディーケ▲中佐のもとで密度の濃い授業を受けている。

一八五八(安政五)年になると、航海実習が本格化し、三月にはオランダから購入した咸臨丸《かんりんまる》で、平戸《ひらど》と下関《しものせき》をまわり薩摩にいたる航海コースが採用され、目的地の鹿児島では藩主の島津斉彬《しまづなりあきら》▲から歓迎を受け、砲台や施設の案内を受

▼カッテンディーケ　オランダ海軍中佐。滞日中の日記『長崎海軍伝習所の日々』では、海舟について次のように述べている。「艦長役の勝氏は、オランダ語をよく解し、性質も至って穏やかで、明朗で親切でもあったから、みな同氏に非常な信頼を寄せていた。それ故、どのような難問題でも、彼が中に入ってくれればオランダ人も納得した。しかし私をして言わしめれば、彼は万事すこぶる怜悧《れいり》であって、どんな具合にあしらえば、我々を最も満足させ得るかを直ぐに見抜いてしまうのである」。

▼島津斉彬　一八〇九～五八。薩摩藩主。一八五一(嘉永四)年に藩主になると、大久保・西郷《さいごう》ら下級藩士《はんし》を重用して藩政改革を推進した。反射炉《はんしゃろ》や洋式機械工場の集成館《しゅうせいかん》を建設し、軍艦も建造した。徳川斉昭・松平慶永《まつだいらよしなが》(春嶽《しゅんがく》)らと一橋慶喜を将軍に擁立しようと画策中に死去。篤姫《あつひめ》の養父。

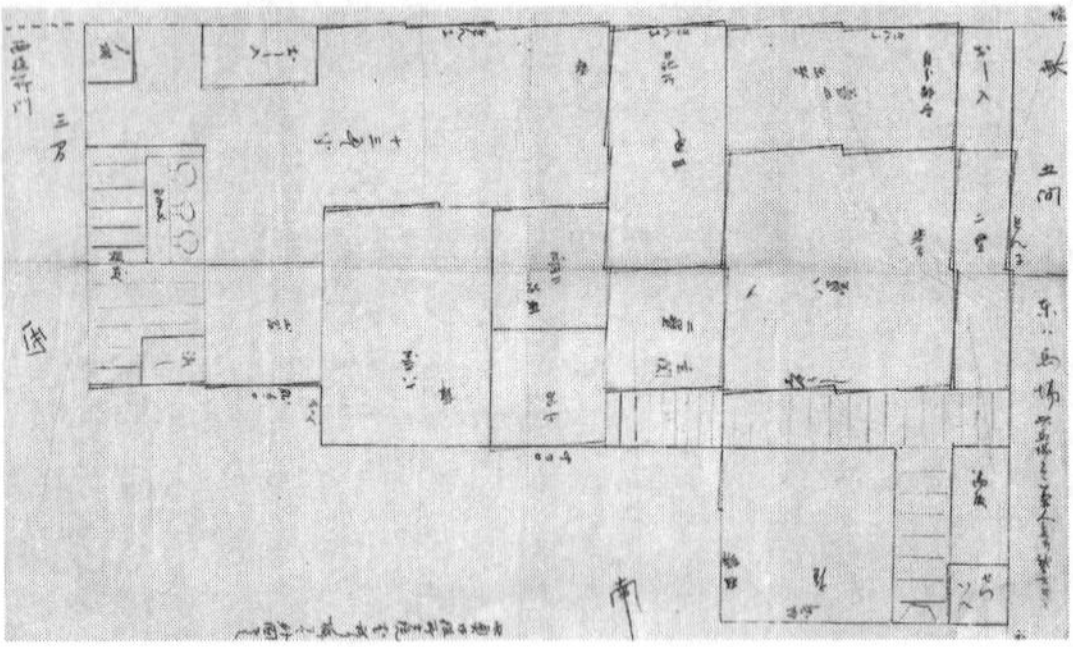

長崎海軍伝習所平面図　長崎出島に近い長崎西奉行所内の建物が、校舎兼宿舎にあてられた。この図は海舟が描いたもの。北東隅の四畳に「自分部屋」と書き入れている。

けている。同行したカッテンディーケも、斉彬と忌憚《きたん》のない会話を楽しんだことを思い出に記している。しかしいくら航海実習とはいえ、一幕臣《ばくしん》の裁量によって、外国人を同行して外様の大藩を訪れるようなことは幕府の規範からすれば許されないことであろう。幕府は、その後方針を転換し、江戸で海軍の伝習を行うことにしたため、長崎の海軍伝習所は閉鎖された。海舟と最後の伝習生が長崎を撤収したのは一八五九(安政六)年正月であった。

海舟は、西洋近代の科学技術と軍事組織の結晶であるオランダ海軍のなかに突然放り込まれたことで、ほかでは学べない経験をしている。一つにはこれまで蘭書《らんしょ》のなかで読んでいた西洋の科学を実際に航海技術の習得という形で身につけたこと、二つには、無役の御家人の家に育った海舟が、はじめてあたえられた仕事で、幕府・藩の境界を越えて協力することを学んだことであり、三つにはオランダ士官と日常的に接することで国際的な目が開かれたことであろう。これらの経験は、海舟のその後の人生のさまざまな局面で大きな影響を残している。

海舟が長崎で海軍伝習に励んでいるあいだに、周囲の情勢は大きく変化をとげていた。かねてから幕府は、病弱な将軍家定《いえさだ》の継嗣問題をめぐって、紀州《きしゅう》藩の慶福《よしとみ》（家茂《いえもち》）か、水戸《みと》藩出身の一橋慶喜《ひとつばしよしのぶ》かという対立をかかえていたが、一八五八年初めに紀州派の井伊直弼《いいなおすけ》▲が大老《たいろう》の地位に就いて、跡継ぎを家茂と定めた。これと並行して幕府は日米修好通商条約《にちべいしゅうこうつうしょうじょうやく》の勅許《ちょっきょ》を求め、孝明《こうめい》天皇が拒否するなか井伊は調印を強行した。これによって井伊政権は、内に一橋系の反対派をかかえ、外からは調印に反対する公家《くげ》・浪士《ろうし》たちの尊王攘夷《そんのうじょうい》派の批判を受けることとなったが、井伊はこれらに強圧をもって対処し、一橋派の有力大名である徳川斉昭《とくがわなりあき》（水戸藩）らを蟄居《ちっきょ》・謹慎処分、開明《かいめい》派の役人は閑職にまわし、条約反対派の公家たちに対しては一斉逮捕による弾圧（安政の大獄《たいごく》）を強行した。海舟は長崎に長くいたおかげで、この政治情勢の変化を外からながめるだけですんだのであるが、しかしまったくの無関係というわけにはいかなかった。

咸臨丸の艦長

日米通商条約の批准書《ひじゅんしょ》の交換を米国ワシントンで行うというのはアメリカ側の発案であり、日本側の批准使節として軍艦奉行の水野忠徳《みずのただのり》・永井尚志が派

▼井伊直弼　一八一五〜六〇。彦根《ひこね》藩主、老中をへて一八五八（安政五）年大老になると、日米修好通商条約を勅許なく調印し、将軍継嗣では家茂を指名した。反対する徳川斉昭らに蟄居を命じ、攘夷派の公家・浪士たちを弾圧したため、水戸浪士によって暗殺された（桜田門外の変）。

遣されることが内定していた。このとき二人は使節の乗るアメリカの軍艦とは別に、随伴艦として日本の軍艦をアメリカまで送りたいと建言し、その艦長役に海舟を推薦していた。肝心の批准が延期されるうちに、一橋派と目された水野・永井は罷免されてしまったが、別船の計画のほうは実現した。

出航は、一八六〇（万延《まんえん》元）年正月が予定され、随伴する船は直前になって咸臨丸▲に決まり、海舟のほかに長崎にいた八人が士官として艦の運行をまかされ、医師・水夫・火焚きを含めて乗員は総勢九〇余人だった。さらに軍艦奉行並《なみ》の木村喜毅《きむらよしたけ》▲と、アメリカに帰る予定のブルック海軍大尉▲らアメリカ人水夫数人が乗船した。

正月十九日浦賀を出航、太平洋に向かったが、海舟にとって不運なことは、出航の数日前から体調を壊し、食事もとれないまま出発したことであった。船酔いも重なって、ほとんど甲板にもでられない状態で、運航は他の士官たちにまかせていたが、洋上の風雨が激しくなると経験の浅い日本人士官だけでは運行が困難になり、一時は航海の指揮権をブルックにまかせ、なんとか危機を脱することができた。

▼**咸臨丸**　幕府がオランダに発注して購入した蒸気軍艦。一八五七（安政四）年長崎に回航、海軍伝習の練習艦。一八六〇（万延《まんえん》元）年、遣米《けんべい》使節の随伴船として太平洋を横断した。乗組員の一人、鈴藤勇次郎《すずふじゆうじろう》は、のちに太平洋上の咸臨丸を描いた（カバー表写真参照）。

▼**木村喜毅**　一八三〇〜一九〇一。芥舟《かいしゅう》。咸臨丸では海舟を監督する立場にあって、二人の衝突がたえなかったという。木村によれば、勝には「いろいろ反対されるので、実に困りました。甚だしいのは、太平洋の真ん中で、『おれはこれから帰るから、バッテーラ（ボート）をおろしてくれ』などと、水夫に命じた位です」と。維新後は海舟の『海軍歴史』『陸軍歴史』の編纂に協力するなど交遊を深めている。

▼**ブルック海軍大尉**　一八五九（安政六）年に浦賀沖で遭難したアメリカの測量船クーパー号の艦長。

彼の日記に海舟についての寸描がある。「勝麟太郎は大変小柄であるが、よく均整がとれ、たくましく身軽である。鋭い見透すような目、鉤鼻《かぎばな》、やや小さいあご。歯を合わせたまま話す。彼はなかなか活動的である、手すりの上に飛び上がったり、索具《さくぐ》に登ったりする。感じのよい顔だちで、決して機嫌が悪いということがない。彼は航海中ほとんど船酔いしていた」。

ブルック海軍大尉

二月二十六日に咸臨丸がサンフランシスコ港に到着すると、祝砲で迎えられ市民の歓迎を受けた。三月一日には、市役所を訪問し市長室をはじめ庁内を案内され、さらに馬車に乗って市内の病院、貨幣鋳造所、印刷所、劇場、工場などを見学している。また咸臨丸の破損箇所を修復するために、港にあるドックにいれたが、この間、海舟はドックにかよい、故障の箇所や原因、修理の経過など詳しい報告を受けていた。三月九日には、正使を乗せたポーハタン号が遅れて到着し、十八日には予定どおりパナマ経由で東海岸ワシントンに向けて出発したので、咸臨丸の役目はここで終った。咸臨丸の修復作業は、閏《うるう》三月十日にようやく終了した。

海舟は、短い滞在のあいだに、サンフランシスコの町でいったいなにをみたのであろうか。市の議事堂を訪れたときは、議事の進行を傍聴し「出訴の順次をおい、その状をとりてこれを読み、その議を諸官に問う、各官その思慮する所の議を言う。必ずその同議多きものを以《もっ》てこれに決す」と議案ごとに議論して賛否を問う光景をみて、市政の運営の実際を知った。また市中のにぎわいに身をおいて、ここでは「士農工商《しのうこうしょう》の差別なく、売買交易を事とし、士は所謂《いわゆる》ビユルゲル（即ち士にして農商を兼ねたる者）にして、自分が官にあっても積財することが可能なら、自分の子供や兄弟たちに商売交易をさせている」と観察している。士にして農商をかねる人びとの社会が新鮮に映ったのであろう。「ビュルゲルは郷士《ごうし》に似たり」ともいっており、なんとか日本社会と比べようと試みているのである。

帰途は、ハワイ王国によりながら天候にもめぐまれて、一八六〇（万延元）年五月無事帰国した。海舟が浦賀に到着したときにはじめて耳にした情報は、井伊大老の暗殺であったという。

帰国から半年後の十二月朔日、咸臨丸の乗組士官たちは褒賞を受けたが、海舟もこのとき「金五枚、時服《じふく》二」と、ほかに御手当として七人扶持を賜った。しかし、これよりさき海舟は、帰国直後に軍艦操練所教授方頭取《とうどり》の役を免ぜられ、もとの蕃書調所に移され、翌年には講武所砲術師範役に転出している。長崎で三年間軍艦操練を積み、アメリカとの太平洋往復を艦長として経験した男が、江戸築地《つきじ》に新設された操練所からはずされたのである。左遷人事であることは明らかであろう。海舟は佐久間象山への書簡のなかで、この人事は自分が抗争を繰り返して上司にきらわれたからだと説明しているが、これまで海舟を引き立ててくれた大久保忠寛・永井尚志ら開明的な人脈が一橋派につながるものとして要職からはずされていたことも、このような人事を許す背景にあったのであろう。

海舟は、不遇な蕃書調所時代に「牆《まがき》の茨《いばら》の記《き》」という文章を書いている。これは、天保改革から筆を起こし直近の桜田門外《さくらだもんがい》の変《へん》までの政治の変転について書いたものであるが、とくに海舟の長崎滞在中に起こった出来事について観察をしているのが興味深い。ハリスとの通商条約の交渉については日本側の対応の拙劣さを指摘する一方で、徳川斉昭の過激な排外主義、攘夷主義には批判的である。また将軍継嗣についても一橋派が私に結んで京都に周旋《しゅうせん》するのは公平でなかったと批判している。井伊大老は、小人の間諜《かんちょう》を用いたこと、反対派の処罰が惨《ざん》にすぎたことがよくないと述べるなど、派閥や党派にとらわれない眼で幕末の政争を観察している。

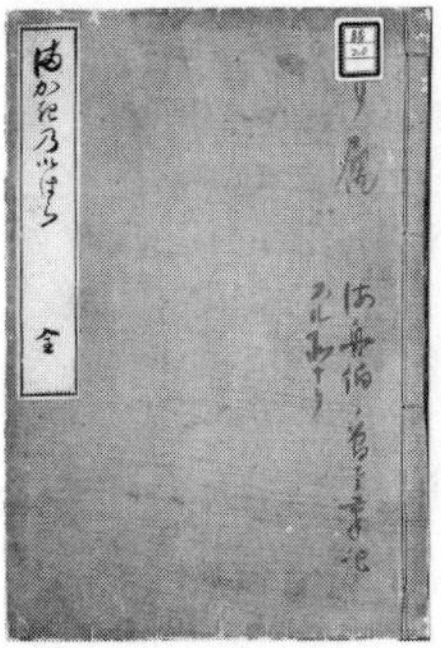

「まがきのいばら」稿本

松平慶永（春嶽）

▼**松平慶永（春嶽）**　一八二八～八〇。越前藩主（一八三八～五八）。一八五八（安政五）年井伊大老に謹慎を命じられたが、六二（文久二）年政界に復帰し、政事総裁職として幕政改革を実施し、雄藩の協力によって、朝廷と幕府の融合をめざした。

③―神戸海軍操練所の時代――夢の実現に向けて

幕府海軍の創建

海舟は、一八六二（文久《ぶんきゅう》二）年七月に幕府《ばくふ》の海軍に呼び戻された。

強烈な弾圧（安政《あんせい》の大獄《たいごく》）とこれに対抗した井伊大老《いいたいろう》暗殺というテロ（桜田門外《さくらだもんがい》の変《へん》）によって、政界は沈黙と硬直化を生んでいたが、このような空気に活をいれたのが、一八六二年四月の島津久光《しまづひさみつ》による挙兵上京と出府であった。久光の主張は、幕政《ばくせい》を一新するために一橋《ひとつばし》派の人材を復権し、有力大名《だいみょう》による幕府監視の体制をつくることで朝廷《ちょうてい》と幕府との関係回復をめざすものであった。幕府はこれを受けて、徳川慶喜《とくがわよしのぶ》を将軍後見職《こうけんしょく》に、松平慶永《まつだいらよしなが》（春嶽《しゅんがく》）▲を政事総裁職《せいじそうさいしょく》にすえ、老中《ろうじゅう》のメンバーも一新して幕政改革に取り組もうとしたのである。しかし他方では、攘夷《じょうい》派公家《くげ》に押された朝廷から条約の撤回と鎖港《さこう》の実行を要求されており、すでに攘夷実行を口約束していた幕府は、鎖港に表立って反対することができなかった。

このような微妙な気風がただようなかで、海舟に招集がかかったのである。

最初は、軍艦操練所頭取《そうれんじょとうどり》の辞令だったが、すぐに軍艦奉行並《ぶぎょうなみ》に昇進し、役料一〇〇〇俵を拝領した。海舟は、朝廷の要求する鎖港の論に対して、「開瑣《かいさ》の論」はペリー来航時の「和戦《わせん》の論」と同じで、なんの益もないと明言している。当時春嶽のもとにいた横井小楠《よこいしょうなん》▲とあい、今日の急務は攘夷ではなく興国《こうこく》にあり、そのためには有力諸藩《しょはん》の協力により海軍の強化をはかるにあるという点で意見が一致していた。当時、表立って攘夷に異を唱え新政の施行を主張する者は、春嶽・小楠と御側御用取次《おそばごようとりつぎ》の大久保忠寛《おおくぼただひろ》だけであったといわれたが、その大久保は左遷され、まだ表立って発言する場をもたない海舟は「日記」▲に不満を書きつけていたのである。

　軍艦奉行並としての初仕事は、会議に出席して海軍の軍制改革を審議することであった。そこに示された改革案は、幕府が全国六カ所に軍艦三百数十隻を配備するという壮大なプランであった。春嶽から意見を求められた海舟は、軍艦はそろうかもしれないが、これを動かす人材が必要であり、「貴賤を問わず有志を選抜」し育成する計画がともなわなければならないと主張し、長崎の伝《でん》習所《しゅうじょ》を継承したはずの築地《つきじ》の軍艦操練所が、閉鎖的な運営で、その役割を果

▼**横井小楠**　一八〇九〜六九。熊本藩で藩政改革を計画するが失敗し、諸国を歩くうちに越前藩主松平慶永に招かれ政治顧問となる。雄藩連合による公武合体《こうぶがったい》を説いて春嶽を支えた。

▼**「日記」**　海舟の日記は、文久二(一八六二)年閏《うるう》八月十七日に軍艦奉行並に任ぜられた記事から始まり、晩年まで続いている。同年九月九日条では、新政の施行を主張する者として春嶽・小楠・忠寛・海舟をあげたあとに、「古《いにしえ》より忠良《ちゅうりょう》の言は容れられず、区々として嫌忌《けんき》のみ、空しく憤死する者歴史上に充満す。棺に蓋《ふた》して是非定まる時に到って、天下みなその忠良を許す。何の益あらんか。愚《ぐ》説《せつ》の人心を惑わす、実に酸鼻《さんび》するに堪えず、嘆息《たんそく》また日に極まれり」と記し、海舟らの正論(「忠良の言」)がとおらないことをなげいている(扉写真参照)。

▼**徳川家茂**　一八四六〜六六。紀伊藩主慶福《よしとみ》。第十三代将軍家定《いえさだ》が病弱のため早世。一八五八（安政五）年、井伊大老に推され一三歳で第十四代将軍に就いた。孝明天皇の異母妹和宮《かずのみや》と結婚。二一歳で長州戦争のさなか大坂在陣中に死去した。

たしていないことを暗に批判した。

海舟は、築地の会議にも顔をだしその教育方法に意見を述べていたが、それとは別に、春嶽から特命を受けて将軍家茂《いえもち》▲の上洛《じょうらく》に海路を利用する方法を探っている。将軍の上洛は、三代将軍家光《いえみつ》の時代からたえており、これを復活するには、数百人の行列を維持するための莫大な経費と、攘夷テロが頻発するなかでは厳重な警護が必要であった。春嶽は、以前から公務における艦船利用を主張していた海舟の意見を採用し、経費削減と行路の安全から海路による将軍の上洛を考えていたのである。海舟は、浦賀《うらが》で修復中の艦船の督促に赴いたり、神奈川港へ出かけイギリス船を買いつけるなど、将軍上洛に向けての船舶の準備をしている。

十二月になって徳川慶喜と老中格小笠原長行《おがさわらながみち》が軍艦を使って上坂《じょうはん》するとの内示があったが、海路の利用には幕府内部にも批判が強く、海舟は「われ説得するも、俗論さかん」となげいている。ようやく上京が決まると、海舟も以前に書いた大坂湾の海防計画を実現するために「摂海《せっかい》（大坂湾）警衛」の任務をあたえられ軍艦に同船することになった。公務の幕府高官が、はじめて船舶で上坂するという画期的航海が実現したのである。一八六三(文久三)年、歳が明けると将軍上洛の準備のため直ぐに江戸《えど》に戻ったが、正月末にはまた松平春嶽のほか老中板倉勝静《いたくらかつきよ》以下八〇余人を引きつれて大坂へ向かった。これ以後幕府老中が、江戸と大坂に分かれることとなり、幕政の複雑さを強めていく。この船中で、海舟は春嶽に対して「当今の形勢、危険すでに極まる、恐らくは改復の御功《ごこう》立ち難《がた》からん、明台《めいだい》(春嶽)の御決心ここにあり」と伝え、朝廷の攘夷・鎖港の方針に対抗するよう春嶽に強い決意をうながした。幕閣《ばっかく》の一行を送り届けると、海舟は将軍上洛を控えてとんぼ返りで江戸に戻っている。このように海舟は、長崎で学んだ航海の経験をもとに、事実上の幕府艦船の管理と運用を仕切っているのである。

海舟が、一八六三年二月に江戸へ帰ってみると、思いもよらぬ事態が発生していた。神奈川沖にイギリス軍艦一二隻が集結し、生麦事件《なまむぎじけん》▲など外国人殺傷事件に対する償金の支払いを要求していたので、安全上から将軍の上洛は急遽海路を止めて陸路に変更となった。一方、海舟は砲台築造の命を受けて海路上坂し、大坂湾に面した和田ケ崎《わだがさき》・湊川《みなとがわ》などに台場《だいば》の位置を定めている。

▼**生麦事件**　一八六二(文久二)年、イギリスの商人リチャードソンら四人が馬で東海道を横浜から江戸方面に向かって通行中、生麦村(現、横浜市鶴見区《つるみ》)で島津久光一行の行列に出会い、薩摩藩士に殺傷された事件。イギリスは幕府に謝罪と賠償金を要求し、江戸内海に軍艦をならべ威嚇した。

このように幕府側は開港勅許《ちょっきょ》を求めて上方《かみがた》にのぼっているのに対して、朝廷側では攘夷鎖港の旗を掲げ、一八六二年暮れに朝廷内に国事御用掛《こくじごようがかり》▲を設置し、そこで長州《ちょうしゅう》藩尊王《そんのう》攘夷派の下級武士と親交の深い少壮公卿《くぎょう》たちが強硬な攘夷の実行を孝明《こうめい》天皇に迫っていた。そのような朝廷側のお膳立ての前に、一八六三年三月将軍家茂は陸路で京へ到着したのである。先手をとった天皇は、将軍後見職の慶喜に対して「征夷《せいい》大将軍の儀、総てこれまで通り御委任あるべく候《そうろう》、攘夷の儀、精々忠節を尽くすべき事」という勅書をくだし、上洛したばかりの家茂を朝廷側の意図する攘夷路線に巻き込むことに成功した。このため島津久光や松平春嶽らは、開明派の大名たちによる開港計画が失敗したことに失望し国元に帰ってしまった。

さらに四月になると、家茂は天皇から攘夷の期限を明示するように迫られ、ついに幕府としてもこれに抗することができず、「攘夷の期限は五月十日」と定め、諸藩にも布告した。幕府は、表向き攘夷政策を受け入れたものの、実際に諸外国と断交にいたる手順の計画もなく、また断交する心構えもできてはいなかったのである。

▼**国事御用掛**　一八六二(文久二)年十二月に朝廷に新設された職。関白《かんぱく》・左右大臣・議奏《ぎそう》から少壮公卿まで二九人が、小御所《こごしょ》に詰めて政治意見を建議した。攘夷派の公卿が処分されてからは停滞し一八六七(慶応三)年廃止。

坂本龍馬

家茂の英断――操練所開設

慶喜が鎖港の準備という口実で江戸へ帰ってしまうと、残された将軍家茂は大坂城へはいり、一八六三(文久三)年四月二十三日には攘夷実現のために大坂湾の海防体制を視察し、砲台設置の予定地を巡航した。説明にあたった海舟は、海防のためには砲台よりも強力な海軍を建設することが重要であるという持論を展開し、神戸《こうべ》の地に海軍操練所を開設したい旨、言上《ごんじょう》したところ、「直ちに御英断《ごえいだん》」があって、その場で将軍から開設を了承する言葉をもらっている。海舟は感激して、家茂について「いまだ若年といえども、真に英王の御風あり、且つ御勇気盛んなるに敬服す」と「日記」に記している。

家茂の対応は早く、四月二十七日には海舟に「海軍所・造艦所御取建御用《おとりたてごよう》」をおおせつけ、在坂の勘定《かんじょう》奉行・目付《めつけ》ならびに海舟に対し海軍所の絵図面と建設経費の見積もりを提出するよう申し渡している。さらに、(1)海軍所経費ならびに稽古経費として年間三〇〇〇両支給する。(2)海舟の拝領高(一〇〇俵)のうち五〇俵については摂津国《せっつのくに》神戸村の近くで替地をあたえる。(3)海舟が、神戸村最寄りの地に塾を開き海軍教授をするのは勝手次第、という通達を発している。

要するに海舟の希望どおり、神戸においても江戸の操練所とは別に海軍操練施設を設置する許可がえられ、海舟の個人的な海軍塾の開設も認められたのである。ただし塾の経営は自力でまかなう必要があり、海舟の最大の理解者であった松平春嶽に経費の援助を求めるために、当時私淑《ししゅく》していた坂本龍馬《さかもとりょうま》▲を越《えち》前《ぜん》藩に派遣している。海舟は、のちに春嶽に対して操練所設立の目的について、広く藩や身分を問わず人物を集め、その器に応じて将と士をつくることにあると述べて、賛同をえている。門閥《もんばつ》にとらわれない人材の育成によって海軍をつくるというのが、海舟の信念であった。

将軍の台場視察の直後に、朝廷の国事参政役で尊王攘夷急進派の姉小路公知《あねがこうじきんさと》が海舟を訪ねている。彼も海舟から、海軍建設の抱負を聞き、摂海防備の体制を視察し、勝の海軍構想をバックアップした。これを受けて朝廷からは諸藩も利用できる製鉄所を神戸に建設することを示唆するなどの動きがあったが、その直後に姉小路は自宅近くで襲われて横死、海舟はせっかくえた有力な公卿の支持を失うこととなった。

▼**坂本龍馬**　一八三五〜六七。一八六二（文久二）年十月、当時土佐藩を脱藩していた龍馬は、春嶽から添状《そえじょう》をもらって海舟邸をたずねた。もし、海舟が暴論を吐いて政治に害になると判断したら斬る決心であったところ、海舟から海軍と貿易の意義を聞かされて感銘を受け、即、弟子になったという。翌一八六三（文久三）年三月、郷里の土佐にいる姉の乙女《おとめ》に宛てた手紙で、「今にては、日本第一の人物勝麟太郎《りんたろう》殿という人に弟子になり、日々兼て思いつく所をせいと致しおり申し候」と、海舟の弟子になったことを自慢げに書き送っている。

▼**薩英戦争**　イギリスは、生麦事件の犯人逮捕と賠償金を要求して、七隻の軍艦を鹿児島に派遣して、一八六三(文久三)年七月城下を砲撃したが、薩摩藩も応戦し、双方に損害をもたらした。同年十月横浜で和議が成立し、その後薩摩藩は、イギリスに接近するようになった。

鎖港攘夷

鎖国期限の一八六三(文久三)年五月十日、長州藩は幕府の攘夷通達を文字どおり実行し、下関《しものせき》を通過する外国船につぎつぎと砲撃を加えたので、外国側は報復攻撃で対抗した。またイギリス艦隊は、生麦事件の報復として鹿児島を砲撃し、薩英《さつえい》戦争▲が始まった。

海舟は六月に将軍を乗せた順動丸《じゅんどうまる》を率いて江戸へ向かったが、江戸では、危機意識の高まっていた上方との落差が大きく、八月十日になってようやく江戸城黒書院《くろしょいん》にお目見《めみ》え以上の役人を集めた席で、将軍家茂から外国と鎖港の談判を開始するので決心すべしとの仰せがあり、戦争をも覚悟する切迫感が生まれてきた。

京都では攘夷派の公卿たちが、長州藩の砲弾に呼応して国内においても攘夷を示威するために大和行幸《やまとぎょうこう》などを計画した。ここにいたって、孝明天皇は過激な計画に手を焼き、長州藩に反感をいだいていた会津《あいづ》・薩摩《さつま》藩と手をくんで、八月十八日早朝に御所《ごしょ》の門を閉鎖して長州藩の兵士を追放するクーデタを決行した。このため、これまで国事御用を牛耳っていた三条実美《さんじょうさねとみ》ら七人の攘夷派公卿は長州藩を頼って敗走した。

京都の政変で攘夷派が追放されたとの情報が江戸に伝わると、海舟は情勢の転換を感じとり、ただちに将軍の上洛を進言した。将軍に先立って新老中の酒《さか》井忠績《いただしげ》を乗せて上坂すると、大坂ではすでに新しい構想が飛び交っており、肥《ひ》後《ご》藩の提唱で松平春嶽（越前藩）・島津久光（薩摩藩）・山内容堂《やまうちようどう》（土佐《とさ》藩）らの前藩主らが誼《よし》みを通じて「興国一致」の政治改革をめざそうという動きがあり、海舟が長年願っていた方向と一致するものがあった。海舟は帰府の途中、浦賀で出会った慶喜に向かって、上洛して諸大名に会ったら、外様《とざま》大名・親藩《しんぱん》の別なく胸襟《きょうきん》を開いて「正大高明の評議」をつくしてほしいと願っている。まさに攘夷一辺倒を変更するチャンスかに思われたが、他方では、会津・薩摩らの大藩が自己の主張を実力で実現する術を知ったこと、また長州藩が外国との戦いに敗北して攘夷を脱却する道をあゆみだしたことから、幕末の政争に大藩の軍事力が登場する転換点でもあったのである。

海舟は、江戸へ戻ると直ぐに「御上洛掛《がか》り」を命じられ準備に奔走した。蒸気船を保有している諸大名の船舶を品川沖《しながわおき》に集め、十二月二十八日に将軍を翔鶴《しょうかく》丸《まる》に乗せて、陸上の大名行列▲のごとくに各大名の船舶を従えた大船団を仕立てて上方に乗り込んだ。京都では慶喜、春嶽、容堂、久光、松平容保《かたもり》（京都守護職《しゅごしょく》、会津）、伊達宗城《だてむねなり》（宇和島《うわじま》）という実力者たちの顔ぶれが参与《さんよ》に任じられ、彼らが一堂に会して天皇の面前で朝議《ちょうぎ》を開く態勢が整っていた。

　ところが翌一八六四（元治《げんじ》元）年二月五日、下関攻撃のために外国船が長崎に集結するという情報がはいり、海舟はこれを確認するために参与たちから長崎出張を命じられた。特別任務をおった海舟は、二月十四日出航、途中豊後鶴崎《ぶんごつるさき》で上陸し陸路を長崎に向かったが、長崎ではいまだ外国船は集まっておらず、そこで蘭・英の使節と面談し、とくに旧知のオランダ総領事ボルスブルックに軍事攻撃を二カ月猶予することを求め、各国との斡旋を依頼している。

　海舟が長崎から帰ってきた四月には、すでに参与会議は空中分解していた。会議のおもな議題は、意見の一致している長州藩処分と、横浜鎖港の可否であったが、後者について久光・春嶽らが開港を主張したのに対し、慶喜の立場は屈折していた。慶喜ももとは開港派であったはずであるが、天皇の強い要望に屈して前年五月に攘夷を布告した経過があるから、この場におよんで薩摩の言

▼海上の大名行列　海上による将軍上洛も、陸上の上洛同様に、将軍が各大名を引きつれるという姿をとることになった。ただし艦船を所持している藩のみである。幕府は、将軍の乗る翔鶴丸（艦長肥田浜五郎）のほかに随行船として朝陽丸《ちょうようまる》、千秋丸《せんしゅうまる》、第一長崎丸、蟠竜丸《ばんりゅうまる》がつづき、大名は越前藩（黒竜丸）、薩摩藩（安行丸）、佐賀藩（観光丸）、加賀《かが》藩（発起丸）、南《なん》部《ぶ》藩（広運丸《こううんまる》）、筑前《ちくぜん》藩（大鵬丸《たいほうまる》）、出雲《いずも》藩（八雲丸《やくもまる》）などであった。

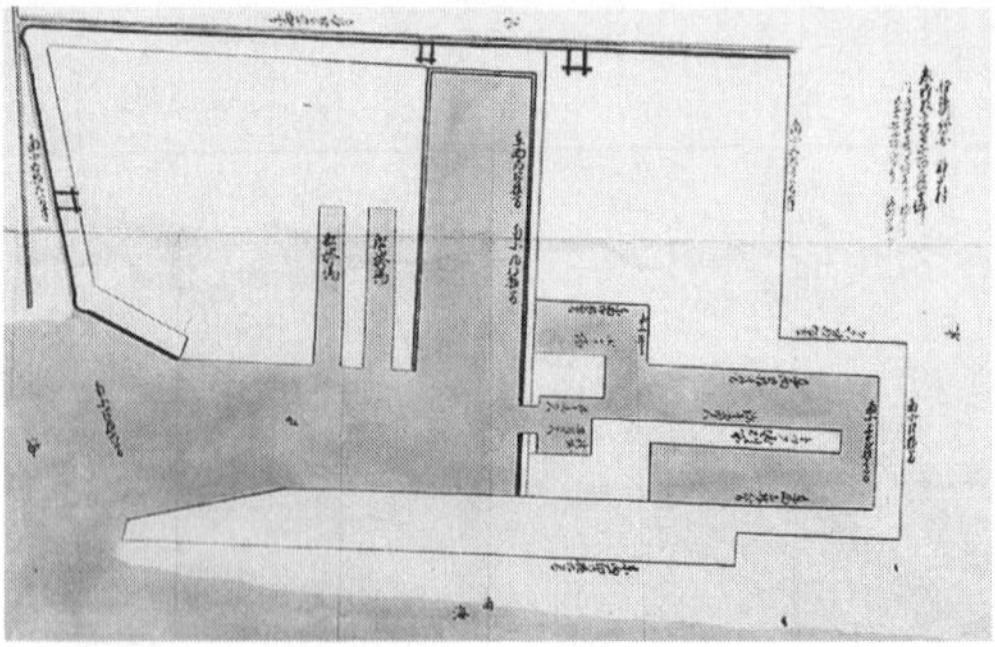
神戸海軍操練所絵図

い分に素直に従うことができなかったのであろう。頑強に横浜鎖港を主張したため、開港路線で全体が一致することを願っていた大名たちは、会議を離れ国元へ帰ってしまった。通商条約の勅許を実現し、幕府と有力大名との融和を願っていた海舟にとっても、期待はずれの結果に終ったのである。慶喜が固守した「横浜鎖港」と「幕府の優位」という姿勢は、海舟の願いを打ちくだいたのであった。これ以後の海舟は、雄藩《ゆうはん》大名の進める朝幕融合の夢をみることはなくなったのではあるまいか。

一方、慶喜は、禁裏御守衛総督《きんりごしゅえいそうとく》に任じられると、京都守護職松平容保（会津藩主）と京都所司代《しょしだい》松平定敬《さだあき》（桑名《くわな》藩主）の協力をえて、京都の治安警備の指揮権を握り、江戸の幕閣とも距離をおいて朝廷を支える態勢を強めた。

神戸海軍操練所

長崎から帰った海舟は、一八六四（元治元）年五月十一・十二日、将軍家茂、慶喜、老中の水野《みずの》忠精《ただきよ》らを乗せて兵庫沖をまわり、台場や砲台を視察し、この視察をもとに十三日には大坂城中で大坂湾の防衛を論じている。翌十四日、海舟は将軍の御前で、軍艦奉行格から軍艦奉行▲へ昇任を申し渡され、これまでどおり「海軍御取建はもちろん御警衛向きすべて勤め」るよう命ぜられた。あわせて「諸大夫《しょだいふ》仰せ付けられ、即日安房守《あわのかみ》▲と伺う」とあり、五位の位階《いかい》▲を授かり、これに相当する官職《かんしょく》▲を名乗ることも許され、安房守となった。

さらに、これを機会に神戸の海軍操練所の運営方針が明らかにされた。それによると、上方(京・大坂・奈良・伏見《ふしみ》)に居住する旗本《はたもと》の子弟から、西日本の中国・四国・九州諸藩の家来《けらい》の子弟まで、有志の者は操練所で修行することができるとし、またすでに技量に熟達している者は御雇《おやとい》もしくは出役として雇用することもあるので、詳しいことは担当の勝海舟に問い合わせるようにとの触書《ふれがき》が全国に発せられた。江戸築地の軍艦操練所は、旗本の子弟のみが修行できるという閉鎖的な組織であったのに対して、神戸の操練所は海舟の意向を取り入れて、修行はもちろん雇用についても諸藩の家臣に機会が開かれた組織になった。参与会議ではできなかった幕府と諸大名との提携が、神戸の操練所では実現したのである。海舟にとっては、念願の海軍育成という夢がかなえられたわけで、まさに絶頂の地位に立ったといってよい。

▼**軍艦奉行**　作事《さくじ》奉行次席格、二〇〇〇石相当、役金二五〇〇両。

▼**安房守**　海舟は当初、書簡や上書に「麟太郎《りんたろう》」「義邦《よしくに》」と署名していたが、安房守に任じられてからは「安房」、一八六九(明治二)年官職制が廃されてからは「安芳」と称すことが多かった。このころから「海舟」の署名も使われはじめ、『亡友帖《ぼうゆうちょう》』(明治十一年刊)の序文では「海舟勝安芳誌」としている。

▼**位階・官職**　安房守は、安房国の国司《こくし》を意味する律令《りつりょう》制の官職に由来するが、江戸時代には形骸化しながらも名称だけは継続していた。位階も律令制における官人の序列を示す等級を継承している。どちらも武士については幕府が任免権をもっていた。なお「諸大夫」は五位の通称。

一八六三(文久三)年四月にスタートした神戸海軍操練所は、その後の一年のあいだに徐々に施設や要員の計画が明らかになってきたので、その経過をさかのぼってみておくことにしよう。操練所の人員については、六月に江戸築地の操練所から軍艦取調役二人、同下役二人、造船学、心得《こころえ》の者一人、さらに手伝大工二人を移動させること、軍艦頭取一人、教授方二、三人については一年交代で神戸に詰め「学術教導」することとされた。

土地建物に関しては、海舟らが図面を提出のうえ、神戸村名主《なぬし》の手配によって進行し、屋敷の概要と建設に要した経費が示された。およそ八反歩《たんぶ》(二四〇〇坪)の敷地に、操練所・塾、その他台所・便所・馬屋《うまや》・門番所《もんばんしょ》などの付属施設と、屋敷の外周り、さらに建具・畳・家具などをあわせて総額三七〇両が支出された。内訳は上欄に示しておいた。

翌一八六四年二月七日に、海舟は長崎へ出張する直前に、大坂の老中に対して、操練所の人事や利用できる艦船について要望書を提出している。そこには、(1)人事について、頭取に肥田浜五郎《ひだはまごろう》▲を、軍艦組出役《しゅつやく》には佐藤与之助《さとうよのすけ》▲・西川寸四郎《にしかわすんしろう》・赤松左京《あかまつさきょう》らを希望する、(2)現在修行の者は、みな諸藩の家臣《かしん》たちである

神戸操練所・屋敷建設経費

経費内訳	金額
屋敷地８反余，樹木共	52両
建屋１，引移し・地ならし共	30両
塾(３間×10間)，建具・畳共	173両
外台所・雪隠・馬屋・門番所	77両
屋敷外周り土堤　凡そ100間	15両
生田往還の方，すき下げ	15両
からたち土堤の上に植付け	５両
庄屋・代官手代などに祝儀	３両
計	370両

▼**肥田浜五郎**　一八三〇〜八九。江川《えがわ》代官所の手代《てだい》から長崎の伝習所に派遣された。渡米する咸臨丸《かんりんまる》では蒸気方《かた》をつとめ、ブルック大尉に「彼は一番有能である」といわしめた。その後蒸気機関の製作に従事し、機械購入のためオランダへ派遣された。維新《いしん》後は海軍機関総監など歴任。

▼**佐藤与之助**　一八二一〜七七。出羽庄内《でわしょうない》出身。一八五四(安政元)年に氷解塾《ひょうかいじゅく》に入門。麟太郎に

従って長崎海軍伝習所へいく。神戸の海軍操練所ではとびまわる海舟にかわって留守を守り、操練所廃止後も大坂に残り、江戸の海舟に上方の情報を送っていた。維新後は民部省で鉄道建設に携わる。

佐藤与之助

が、今後は築地のように幕臣《ばくしん》子弟も受け入れたい、(3)観光丸《かんこうまる》を神戸操練所の付属艦船にするようお願いしたい、(4)兵庫の鷹取山《たかとりやま》から採掘される石炭は、船舶の燃料として適当ではないので塩田用にまわしたい、(5)長崎から参考書籍を購入したい、またドックに必要なポンプについて、もし長崎に不用な分があればまわしてほしい、などと要望している。四月に海舟が長崎から帰ってくると、つぎのような返答が待っていた。人事については、頭取に肥田浜五郎をすえる案は認められなかったが、赤松と西川両人を教授とすることと、佐藤与之助を召しだすことは認める。観光丸や鷹取山の石炭坑については要望書のとおり了承する、また大名の船舶を借りたいときは、奉行所が経費を支払う、というものだった。さらに越前藩から買い上げた黒竜丸《こくりゅうまる》が操練所つきの艦船となった。

操練所に入所した修行者の名簿は残されていないが、海舟の私塾に入門を志望する者は多く、「日記」に記録された者だけでも越前藩から藩士五人、肥後《ひご》藩横井小楠の親戚三人、久留米《くるめ》藩から頼まれた四人がおり、ほかに紀州《きしゅう》藩から入門した者もいた。入門者には賄いつきの寄宿舎に入居が認められていた。また海舟が管理をまかされていた摂海五カ所の台場の警備に五人の塾生があたり、これには扶持《ぶち》を給せられた。門下生のなかには問題を起こす者もおり、なかでも紀州藩からの入門者のなかに放蕩のはなはだしい者がいて、塾内で押貸ししたとして破門されている。海舟は「塾中の掟《おきて》」を設けて、書生《しょせい》たちを集めてその生活態度を諌めている。また「操練所御門、建前の由、祝儀として六百疋《ひき》遣わす」という記事があるが、屋敷の外周りに手をつけ、最後に正門の建前があり、その祝儀として六〇〇疋(銭六貫文《かんもん》)をだしたものであろう。名実ともに、操練所の建設と海軍塾の活動が軌道に乗りつつあることを示している。

海舟失脚

海舟が神戸と大坂のあいだを忙しく往復している間に、長州藩は態勢を立てなおし、一八六四(元治元)年七月に京都御所《ごしょ》を攻めたが一日で敗退(禁門《きんもん》の変《へん》▲)、天皇は長州征討を発令し、幕府も諸藩に出兵を命じるにいたった。九月五日には海舟も「征長海軍の掛り」をおおせつけられ、否応なく戦時体制のもとで瀬戸内の海上運輸・交通の管理をまかされていた。

九月十一日には、薩摩藩の西郷隆盛《さいごうたかもり》▲が、同藩の吉井友実《よしいともざね》、越前藩の青山《あおやま》小三

▼禁門の変　蛤御門《はまぐりごもん》の変ともいう。一八六四(元治元)年七月、長州藩は強硬論に転じ軍勢が京を囲んだが、会津・薩摩の公武合体派の軍と衝突し一日で敗れた。海舟は神戸にいて、京の方角の空が赤くなったのをみている。

▼西郷隆盛　一八二七〜七七。薩摩藩の改革派藩士。一時、藩主久光に疑われ流罪《るざい》に処せられていたが一八六四(元治元)年に復帰、長州戦争には参謀として参加していた。海舟を訪れたときの印象を大久保利通《としみち》宛の手紙に次のように書いている。「勝氏へ初めて面会つかまつり候処、実に驚き入り候人物にて、最初は打ち叩くつもりにて差し越し候処、とんと頭を下げ申し候。どれだけか智略の有るやら知れぬ塩梅《あんばい》に見受け申し候。……この勝先生にひどくほれ申し候」。

西郷隆盛

郎らとともに海舟の大坂の宿所を訪れている。このころの薩摩藩はまだ長州攻撃に積極的で、征長軍総督の参謀をまかされていた西郷は、征長の副将を命じられた越前藩とともに、出陣に腰が重い幕府の内情を知りたくて、海舟のところにようすを聞きにきたのである。海舟は、このころ江戸からやってくる老中たちとの対話から幕閣中枢に対する憤懣《ふんまん》が高じており、幕府内部では征長の準備がたたないほど混乱した状態にあると内情をぶちまけていた。また西郷が、外国船が大坂湾に進入する危機にどう対処すべきか問うたのに対して、海舟は幕府に頼ることはできないから、雄藩の連合で交渉したほうがよいとも述べたようで、同席した吉井によると「天下の人才を挙げて公議会《こうぎかい》を設け……公論《こうろん》を以《もっ》て国是《こくぜ》を定むべし」ということで意見の一致をみたとまでいっている。西郷は、このとき初対面だった海舟について「実に驚き入り候人物」と感想を記している。

そのようななか、十月二十二日に海舟は「江戸表に用事あり、早々帰府致すべし」との通知を受けとった。皮肉にも戦争の準備で都合のつく船舶がなく、止むなく早駕籠《はやかご》で陸路江戸へ向かい、十一月十日に江戸城へ出頭したところ

▼**寄合**　旗本のうち三〇〇〇石以上、あるいは五位以上で非役の者を寄合と呼んだ。

「御役御免《おやくごめん》、寄合《よりあい》▲を仰せ付ける」として軍艦奉行の罷免を申し渡された。なんの前触れもなく突然の失脚であった。

海舟は「我《われ》、微力《びりょく》を以て奉仕すること爰《ここ》に三年、その間死生《しせい》弁ぜず、尽力《じんりょく》すること無数、唯邦国《ただほうこく》の安危存亡《あんきそんぼう》を以て任として顧みず、言《ごん》用いられず、志《こころざし》達せず、終《つい》に俗吏《ぞくり》のために塞《ふさ》がれ如何《いかん》ともすること能《あた》わず。然《しか》れども一片《いっぺん》の赤心《せきしん》、天下豈《あに》知る人なからむ哉《か》」と心境を記している。

この時期に、海舟が職を免ぜられた真の理由はなんであろうか。たしかに、海舟は江戸の首脳部に対してつねに不満を口にしており、「江戸では因循《いんじゅん》無識《むしき》の輩《やから》が勢力を握」っているという認識をもっていたから、その批判的言動が江戸を刺激したことは考えられる。しかし当時大坂では長州戦争を前にして、海舟も「海軍の掛り」として必要な役割を担っていたから、大抵のことであれば摂海防禦の指揮をとっていた慶喜が擁護したのではあるまいか。

考えられるとしたら、海軍政策をめぐる江戸との対立であろう。軍艦操練の施設としては、東西の棲み分けができつつあったが、艦船の製造、そのための製鉄所建設をめぐっては、両者の争いが始まっていた。当初長崎に設置されて

▼**小栗忠順**　一八二七～六八。二五〇〇石の旗本。目付として日《にち》米《べい》通商《つうしょう》条約《じょうやく》批准書《ひじゅんしょ》交換のため渡米。帰国後、外国奉行、海軍奉行、勘定奉行などを歴任。幕府中心の郡県《ぐんけん》制をもくろんで、戊辰《ぼしん》戦争後も抗戦を唱えたが失脚。知《ち》行《ぎょう》地の村に帰ったところを、政府軍に捕えられ処刑された。

▼**フランス公使ロッシュ**　一八〇九～一九〇〇。一八六四(元治元)年来日。イギリスに対抗し、幕府を積極的に支援する方針をとった。幕府崩壊後、本国から召還命令を受け帰国。

▼**横須賀製鉄所**　フランスのツーロン港をモデルとして構想され、仏海軍中将ベルニーを所長として建設を開始。工事途中で明治政府に移管され、一八七一(明治四)年にドックの開業式を行い横須賀造船所と改名、のちに横須賀海軍工《こう》廠《しょう》に発展した。

いた製鉄機械を神戸へ移す計画があったが、海舟は長崎へ出張した際に機械を実見し、これは長崎に残して改修を加えればよいとした。他方、江戸では、すでに一八六二(文久二)年から製鉄所(造船所)の設立について検討を始め浦賀方面に適地を探していたし、海舟が不要とした長崎の機械を江戸で引き取っている。その後、勘定奉行小栗忠順《おぐりただまさ》▲とフランス公使ロッシュ▲が急接近し、小栗の周到な計画によって、慶喜までを巻き込んだ日仏の提携が構想され、その第一弾として横須賀《よこすか》製鉄所▲の建設計画が浮上していた。海舟はこの計画には終始蚊帳《かや》の外におかれており、海舟が免職の辞令を受け取ったちょうどその日、江戸の老中三人がロッシュを招き製鉄所技師の斡旋《あっせん》を依頼していたのである。

　井伊体制崩壊後、幕府と大藩の協力によって海軍を建設するという海舟の構想は、家茂の承認をえたことで、いっとき実現の可能性が生まれたかにみえ、海舟生涯の絶頂期を迎えた。しかしあらたな幕権強化路線によって、この夢は破れたのである。

　翌年二月、海舟のいない神戸の海軍操練所は正式に廃止され、一年一〇カ月という短い生命を終えた。

佐久間象山の石碑　海舟は、一八七八(明治十一)年に刊行した『亡《ぼう》友帖《ゆうちょう》』に象山の手紙を載せているが、翌七九(同十二)年には顕彰の碑も建てている。写真は松代藩《まつしろはん》の山林開発で縁のあった佐野村《さの》(現、長野県山ノ内町《やまのうち》)の農民の依頼で、海舟が撰文した石碑。「象山佐久間翁、藩に在せし時、いたく此地をめて、やかて住はやと思はれけむ……此民誠ある心から、猶其恵をたゝへてやます」とその由緒を記している。

④敗戦処理の海舟——幕府の最期を看取る

しばしの閑居

海舟は御役御免《おやくごめん》になって公務から解放されると、「日記」に私的な身辺の記事もみられるので、その一端をみておくことにしよう。

一八六四(元治《げんじ》元)年十一月に軍艦奉行《ぶぎょう》を罷免され無役《むやく》の小普請組《こぶしんぐみ》に戻されると、組の頭《かしら》に「明細書」(履歴と親類書)を提出する。知行《ちぎょう》の面では、神戸操練所《こうべそうれんじょ》近くにあたえられていた七四石《こく》余の知行地が、勘定《かんじょう》奉行からの達しで蔵米《くらまい》に戻された。在任中は、知行高《たか》一〇〇俵(四〇石)と軍艦奉行の役高二〇〇〇石との差額を足高《たしだか》として支給されていたが、これがなくなってしまうと家計上は大きな痛手である。しかも無役になったため年間に一両三分《ぶ》の小普請金を三回に分けて下勘定所におさめなければならなかった。

海舟にとって氷解塾《ひょうかいじゅく》の経営は大事な生活の糧になった。海舟が退役したあとも、幸い入塾の希望者は増加していた。退役後一年余の「日記」をみると、薩摩《さつま》藩士《はんし》の四人をはじめ、久留米《くるめ》・桑名《くわな》・津軽《つがる》・宮津《みやづ》・佐土原《さどわら》・柳川《やながわ》などの各藩からの紹介で入塾の申請が続いている。塾の束脩《そくしゅう》（授業料）はわからないが、中元・歳暮の時期になると、出身の藩から祝儀《しゅうぎ》が送られてくるケースもあった。このころ海舟が購入した書物には、欧米の外交戦略のバイブルとされた『万国《ばんこく》公法《こうほう》』▲の漢訳版や、清朝《しんちょう》の政治論を編集した『経世文編《けいせいぶんへん》』があった。またオランダの原書を参考にして、みずから『海軍括要《かつよう》』▲を執筆し出版している。海舟はこれらの本を周辺の知人たちに配っており、氷解塾でも塾生のテキストとして使用していたのではなかろうか。

ここで海舟の親族についてもふれておきたい。まだ軍艦奉行に在職していた一八六四年七月に、妹順《じゅん》の夫だった佐久間象山《さくましょうざん》が京都で浪士《ろうし》に暗殺された。海舟は、門人《もんじん》の一人をやって、象山の前妻の子である格二郎《かくじろう》を引きとるように手配したがすでに行方がわからなくなっていた。のちになって父親の敵である攘夷派《じょういは》の浪士を討つために新選組《しんせんぐみ》に身をおいていることがわかると、京都の町で無法な取締りを行う新選組に批判的な海舟ではあったが、わざわざ近藤《こんどう》勇《いさみ》と土方歳三《ひじかたとしぞう》をたずね格二郎の身柄の安全を頼んでいる。順は、その後赤坂《あかさか》の海舟のもとに戻り、屋敷地内に一軒をもらって生涯をすごしている。

▼**『万国公法』**　アメリカで刊行された国際法の解説書の漢訳本。海舟は一八六五（慶応元）年六月に清国《しんこく》版『万国公法』を入手、六六（同二）年正月には新規になった開《かい》成所《せいじょ》版『万国公法』を購入している。万国公法とは先進西欧諸国の外交関係を律する基本法を意味し、後発国が学ぶべきものとされていた。のちに「国際法」と訳されたもの。

▼**『海軍括要』**　オランダ海軍の組織などについて書かれた蘭書《らんしょ》の記事を、海舟が翻訳出版したもの。飛川勝義《ひかわかつよし》の名義で翻訳し、一八六六（慶応二）年開成所で出版された。

▼**玖磨の息子**　一八七三(明治六)年、海舟は出張で鹿児島へいった折に長崎へ立ち寄り、玖磨の息子九歳の梅太郎《うめたろう》にはじめて対面、その年に梅太郎は上京、海舟の屋敷に引きとられた。

また「日記」には、長崎に住む女性梶玖磨《かじくま》との交流がうかがえるのも珍しい。玖磨とは長崎の伝習所につとめたときに知りあい、その後一八六四年に長崎へ出張で赴いた折に再会し、深い関係をもったといわれている。長崎を離れたあとも、町名主《ちょうなぬし》を介してたびたび手紙の往復があることが日記から知られる。一八六五(慶応《けいおう》元)年一月には、細字で「長崎来状云、生、丈夫」と暗号のような記事がみえるが、長崎の玖磨から「男子出生、▲母子ともに丈夫なので安心を」という意の手紙を受け取ったのであろう。四三歳の海舟は、ひそかな文のやりとりに微笑ましい苦労をしていたのである。しかし翌年四月、突然玖磨の死を告げる手紙が届いた。海舟は痛恨の気持ちで、哀悼の辞を書き留めている。「嗚呼《ああ》、玖磨姉、生来明媚《せいらいめいび》、志は貞実《ていじつ》……田舎《いなか》に人となれ共、心行き卓《すぐれ》、学ばずして和歌を賦《ふ》す、痛むべし、その死の速やかなる、享年廿六」と。

子どもたちの動静もみることができる。長男の小鹿《ころく》は、一八六五年七月に洋《よう》書調所《しょしらべしょ》に出仕して数学世話心得《せわこころえ》(助教《じょきょう》)になり、十二月には銀三錠《じょう》の褒賞《ほうしょう》を受けている。学術優秀ということであろうか。留学の希望を幕府《ばくふ》に提出しておいたが、一八六六(慶応二)年九月に発表された官費《かんぴ》によるイギリス留学生一四人

幕末の海舟　写真の裏にアーネスト＝サトウのサインがある。

富田鉄之助　小鹿に付き添って留学した。

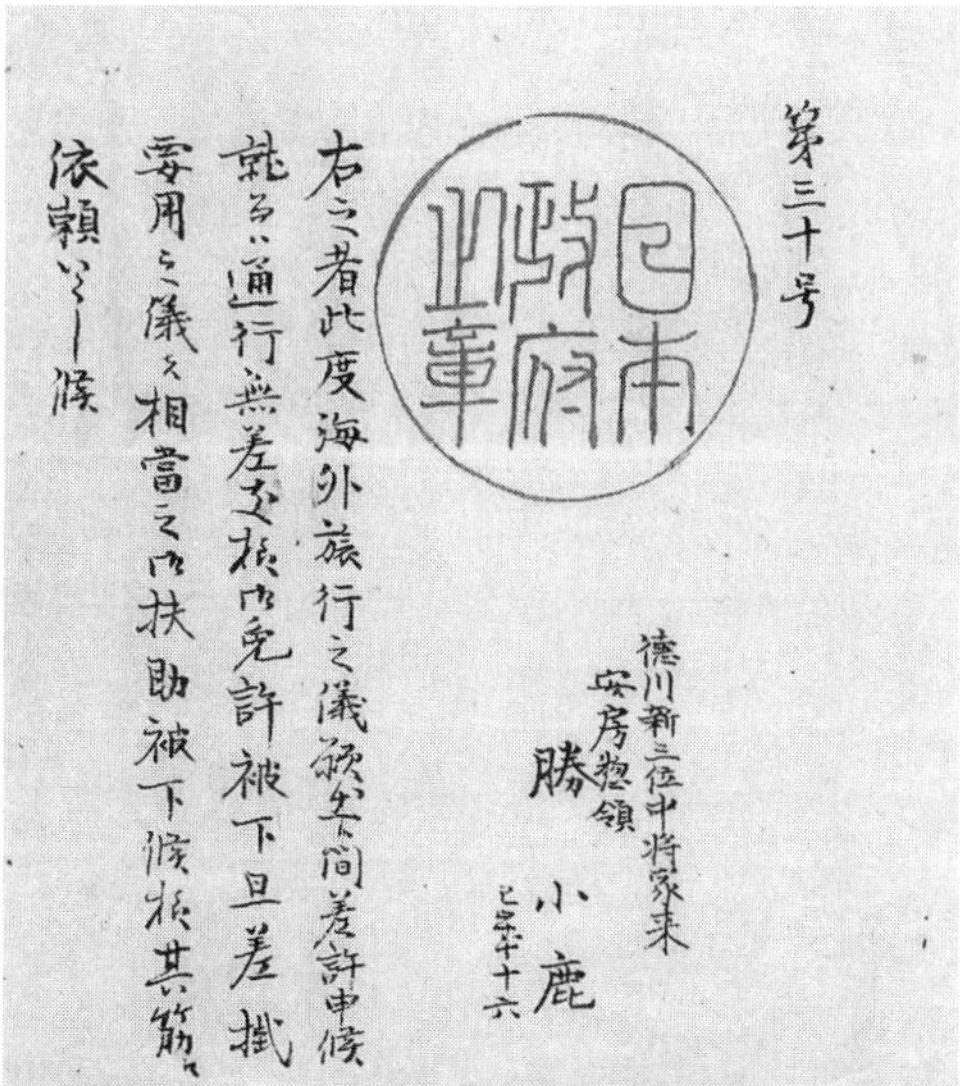

第三十号
日本政府印章
徳川新三位中将家来
安房惣領
勝　小鹿
巳年十六
右之者此度海外旅行之儀願之通差許申候
就而ハ通行無差支様御免許被下且差掛
要用之儀ハ相當之御扶助被下候様其筋々
依頼いたし候

小鹿のパスポート　一八六九（明治二）年、新政府のもとで海外渡航の規則が定められた。すでに渡航している者にもさかのぼって適用されることになり、勝小鹿にも海外渡航許可証が発行された。

のリストからはもれていた。大坂でこれを知った海舟は、親の自分を考慮にいれた決定であり公平な選抜でないと怒りをあらわにし、それなら私費で留学させると息まいている。一八六七(慶応三)年二月には私費によるアメリカ留学の許可をえると、小鹿は横浜の英語塾にかよい準備を進め、七月には神奈川港からコロラド号に乗船してアメリカに向けて出航した。一六歳の小鹿の付添い役として、海舟は門下の富田鉄之助《とみたてつのすけ》▲(仙台《せんだい》藩)と高木三郎《たかぎさぶろう》(庄内《しょうない》藩)の二人に同行を頼み、さらに長崎領事から貿易商に転じたアメリカ人ウォルシュに留学先の世話を頼んでいる。その後、一八六九(明治二)年になると小鹿は新政府から官費留学生の資格をえて、海軍士官《しかん》を養成する大学をめざすことになった。

長女夢子《ゆめこ》はすでに内田《うちだ》家に嫁いでいたが、一八六六年五月には次女孝子《たかこ》の縁談が知人から持ち込まれている。海舟の「日記」には「岡野へ疋田兵庫《ひきたひょうご》の事、承《うけたまわ》りに遣《つか》わす」とあって、縁談の相手親は疋田兵庫であること、縁談の取りまとめを、昔小吉の代に屋敷地を借りていたあの岡野に頼んだことがわかる。縁談は順調に進み、六月には結納、孝子は無事に六〇〇石取りの旗本疋田正善の奥方におさまっている。

▼**富田鉄之助**　一八三五〜一九一六。仙台藩士、氷解塾生、小鹿に同行してアメリカ留学。帰国後ニューヨーク領事館、大蔵省《おおくらしょう》勤務をへて、一八八八(明治二十一)年日銀総裁。貴族院《きぞくいん》議員、一八九一(明治二十四)年東京府知事。

長州戦争の後始末

海舟は江戸へ戻ってから、親しい友人や越前《えちぜん》藩・薩摩藩など在坂時代に築いた人脈を通じて、水戸天狗党《みとてんぐとう》の盛衰や、禁門の変以後の長州《ちょうしゅう》藩内部の動向などの天下の情勢から、猫の目のように変わる幕閣《ばっかく》の人事までの情報をえて、こまめに日記に記していた。しかし、フランスと提携して幕権《ばっけん》の強化をもくろむ江戸の幕閣主流の役人とは、ほとんど接触することはなかった。

一八六六(慶応二)年五月に突然、江戸城に呼びだされた海舟は、一年六カ月ぶりに軍艦奉行に復職を許され、ただちに大坂へ出張するよう命ぜられた。神《こう》戸《べ》の操練所はすでに廃止されており、求められたのは軍艦奉行の仕事ではなく、長州戦争のゆきづまりのなかで、藩を越えた有志に顔が利き交渉能力もある海舟に、なんらかの打開策を期待したものであった。

海舟が江戸にいた一年半のあいだに戦争の状況は大きく変わっていた。長州藩は、一度は幕府に恭順の態度を示したものの、その後藩内で強硬派が権力を握り、奇兵隊《きへいたい》の編成と銃隊装備で幕府に対抗する姿勢を示していた。このため将軍家茂《いえもち》は軍勢を率いて大坂へのぼり、紀州《きしゅう》藩主を征長《せいちょう》の総督《そうとく》として攻撃する態勢を作り上げた。しかし幕府の発した攘夷命令を実践《じっせん》した長州藩を攻撃することには多くの藩が消極的で、とくに外国艦船と戦った経験をもつ薩摩藩は長州藩と密約を結び、出兵命令を拒否する意向を幕府に伝えていた。京都の治安を共同で担ってきた会津《あいづ》藩と薩摩藩のあいだも、すでにほころびかけていた。このような事態にあって、薩摩藩に太いパイプをもつ海舟の登場が期待された。大坂に着いた海舟は、ただちに薩摩藩との会談をもったが、薩摩の態度を変えることはできなかった。海舟の判断を狂わせるほどに、長州をめぐる情勢は大きく変わり幕府の権威も低下していたのであった。

　これより先、すでに一八六六年六月七日の天皇による長州再征の沙汰書によって、長州の周囲三カ所から戦闘が始まっていたが、幕府軍は各地で長州勢の銃隊攻撃に打ち負かされていた。先鋒副総督をつとめていた老中《ろうじゅう》の本荘《ほんじょう》伯耆《ほうきの》守《かみ》宗秀《むねひで》▲は、幕府軍は武器において劣り、西国《さいごく》諸藩の協力がえられない状況で戦闘を継続するのは得策ではないとし、独断で広島に拘禁中だった長州の宍戸《しし ど》備《びん》後助《ごのすけ》▲らを釈放して和平交渉を試みたが失敗、老中を罷免される事件が起こった。このとき海舟は本荘の言い分をよく聞くことを主張し、一方的に本荘を処罰し

▼**本荘伯耆守宗秀**　一八〇九～七三。丹後《たんご》宮津藩主。一八六四(元治元)年八月から老中。第二次征長の先鋒副総督。

▼**宍戸備後助**　長州藩士。一八六六(慶応二)年五月、広島において幕府と会談を行ったときの長州側の代表の一人。幕府は最終的な長州処分を言い渡したが、長州側は回答を引き延ばしたため、業を煮やした幕府が宍戸らを人質として拘禁していた。

ようとする幕府主流の姿勢を批判している。

この間、七月末に大坂滞在中の将軍家茂が逝去したが、その死を秘して後を継ぐ慶喜《よしのぶ》が最後の戦闘の指揮をとった。しかし、ここでも各地で幕府側は敗退し、強硬派の老中小笠原長行《おがさわらながみち》が指揮した小倉《こくら》城も奪われるにいたり、慶喜もこれ以上の戦いを諦めて海舟に停戦の交渉をまかせることにしたのである。海舟が晩年に語っているところによると、「慶喜からだいぶ油をかけられて」交渉役を引き受けたということになる。

海舟は、単身で安芸《あき》に乗り込んで、長州側に賠償金を課すこともなく、藩主の首はもちろん謝罪を求めることもなく停戦に持ち込んだ。交渉は、幕府の面子《めんつ》を潰すことなく撤退するためのものであり、その後、将軍の死を理由とした停戦令が孝明《こうめい》天皇からも発せられ、この戦争は終結した。海舟は、天下の公論《こうろん》に従うとする慶喜の「一新之御趣旨《いっしんのごしゅし》」をもって長州側を説得したといわれ、すでにこのとき慶喜の大政奉還《たいせいほうかん》の意志を察していたのであろうか。海舟は、大任を果たした功労によって内密に恩賜金《おんしきん》五〇〇両を頂戴すると、江戸へ戻って軍艦奉行の仕事に従事している。

大政奉還と海舟

一八六六(慶応二)年師走、慶喜は将軍を継いだが、朝廷《ちょうてい》では慶喜と通じあっていた孝明天皇が病没し、翌年正月に明治天皇が即位、以後の政争はこの二人をめぐって進行する。

慶喜政権のもとで海軍も新体制がしかれ、海舟は海軍局に出仕して艦船の管理と運用をまかされ、海軍関係の外国との折衝も担っていた。旧知のオランダ総領事と面談し、以前に幕府が依頼していた新造船が横浜に到着することを知ると、海舟は、船代金の支払いや、同船を運航する士官の雇用について交渉を行っている。ところがオランダに軍艦を発注したあとになって、幕府の軍隊に外国教官を導入することが正式に決まり、陸軍についてはフランスが、海軍については外交上のバランスからイギリスが担当することとなり、幕府はあらたにイギリスに対して海軍伝習の教官派遣を依頼していた。このため、イギリスから教官が来日する段になって、オランダ海軍士官を雇うことに、イギリス公使パークス▲から強いクレームがつき、あいだにはいった海舟はオランダ側に詫びて士官雇用をキャンセルする交渉をしている。

▼**パークス**　一八二八〜八五。イギリスの外交官。一八六五(慶応元)年、駐日公使として来日。一八八三(明治十六)年に清国公使に転じて離日した。

一八六七(慶応三)年九月にイギリス人教官二人が来日すると、海舟は宿舎・給料など実務的な交渉を担当し、海軍伝習の準備に取りかかった。十一月に、イギリス人教官を伝習生に引きあわせ、授業時間、授業の規則などを決めている。練習船を朝陽丸《ちょうようまる》と定め、水夫二〇人を乗り組ませると、連日、訓練が続いた。海舟にとっては長崎の伝習体験の記憶をよみがえらせるものであり、神戸の操練所では思うようにできなかった軍艦伝習を再開することができた喜びもあったはずである。

イギリス人教官による軍艦伝習が始まった時期は、実は京都において徳川《とくがわ》幕府の命運をかけた事件が進行した時期と重なっていた。薩摩・長州の武力討幕の動きに対して、土佐藩は幕府が朝廷に政権を奉還すれば諸大名による公議政体の体制がつくれると主張していた。慶喜も、影響力のある大名を従えれば、自分の構想する新しい公議政体ができると考え、十月十四日大政奉還▲の上表《じょうひょう》を提出したのである。江戸城では慶喜の意図がわからないまま評定《ひょうじょう》が行われ、その結果、小栗忠順《おぐりただまさ》らの強硬論が大勢を占め、旗本《はたもと》の軍事力を上方《かみがた》へ送り、反対派を倒して徳川の権力を挽回するという方針をまとめている。江戸の譜代大《ふだいだい》

▼**大政奉還**　一八六七(慶応三)年十月十四日、征夷大将軍徳川慶喜がこれまで握っていた政権を朝廷に返上したこと。慶喜は従来の朝廷と幕府の二元政治を一元化すれば、公議政体のもとで指導権が握れると考えたが、関東の幕閣、譜代《ふだい》藩は奉還に強い不満をいだいた。

名《みょう》のあいだでも、徳川政権復活の運動が始まっていたが、海舟にとっては、徳川氏が諸大名と協力して国政にあたることは文久《ぶんきゅう》期以来の主張でもあり、想定内の事態であったから、江戸城の多数派の幕権復活の動きに同調することはなかった。

十二月九日、討幕《とうばく》派のクーデタによって慶喜らを除外した王政復古《おうせいふっこ》▲の政府ができあがり事態は切迫したが、この時点でも海舟は、慶喜の大政奉還は遠大な計画のもとに行われたものであるとしてこれを支持し、出兵には反対する意見を一人主張していた。これを上書《じょうしょ》として上司の海軍総裁稲葉正巳《いなばまさみ》を通じて提出しようとしたが、海舟に好意的な稲葉も、このときは多くの幕臣《ばくしん》から海舟の意見は薩長《さっちょう》に与《くみ》するものであり、退職させるべしとの意見まであるので、しばらく待てとして受けつけなかった。これに対して海舟は、「憤言一書《ふんげんいっしょ》」を書いて、みずからの辞職を願っている。辞職は認められないまま、暮れの二十四日には海軍伝習局の納会に顔をだし、正月五日の「稽古初め」にも立ちあうなど、日常的な業務に就いていたが、その直後に海舟の身に思いもかけない出来事が振りかかってきたのである。

▼**王政復古**　一八六七(慶応三)年十二月九日、慶喜の大政奉還、将軍職辞任を受けて、天皇出席のもと、摂関《せっかん》・幕府を廃止し、あらたに三職(総裁・議定《ぎじょう》・参与)による政府を設置した。薩摩・長州・公卿の倒幕派の主導によって、徳川氏の排除をめざしたもの。

一八六八(明治元)年の陸軍総裁

一八六八年正月三日、薩摩勢の挑発にのった徳川軍は慶喜の滞在する大坂城から京に向かって進軍したところ、鳥羽《とば》・伏見《ふしみ》の地で薩摩・長州の軍勢から反撃を受け、三日間の戦闘の末に敗北して城に逃げ帰った。六日深夜になって慶喜ら首脳部は大坂城を脱出し、海路江戸をめざして十一日に品川《しながわ》へ帰り着いた。

海舟は十二日払暁《ふつぎょう》に慶喜から浜御殿《はまごてん》(海軍所)に呼びだされた。慶喜は、長州戦争の終戦処理に能力を発揮した海舟の手腕をかって、今度の戦さの後始末も海舟にまかせるつもりだったのであろう。海舟が、はじめて戦いの顚末をたずねたときは、みな蒼白な顔をして口が重く、ようやく逃げ帰った老中板倉勝静《いたくらかつきよ》から戦いの経緯を聞くことができたという。この日に発せられた幕府の触書《ふれがき》では、将軍が軍艦で十二日に帰府したが、今後の動静によっては将軍はふたたび上坂《じょうはん》するであろう、と留守部隊の願望らしき思いが述べられているが、実際は幕府の方針はなにも定まっていなかった。

これより先、朝廷からは十日付で将軍慶喜以下、会津・桑名藩主など出兵した大名と、現地で指揮をとった老中の大河内正質《おおこうちまさただ》ら計二七人に対して名指しで

有栖川宮熾仁親王

▼有栖川宮熾仁親王　一八三五～九五。有栖川宮家に生まれ、一八四八（嘉永《かえい》元）年仁孝《にんこう》天皇の猶子《ゆうし》（養子）となり、孝明天皇の妹和宮と婚約したが、その後和宮が家茂に降嫁《こうか》したので破談。王政復古後は、新政府最高職である総督に就き、戊辰《ぼしん》戦争では東征大総督となった。

官位《かんい》の剥奪と追討を命ずる勅令《ちょくれい》が発せられていた。ここで慶喜が「天朝《てんちょう》を欺《あざむ》いた賊徒」とされたことは江戸城に大きな衝撃をあたえたはずである。朝廷は、東海道《とうかいどう》・東山道《とうさんどう》・北陸道《ほくりくどう》に鎮撫総督《ちんぶそうとく》を派遣して幕府領地の接収をはかるとともに、有栖川宮熾仁親王《ありすがわのみやたるひとしんのう》▲を東征《とうせい》大総督に任じ、諸藩の軍勢を率いて東海道を東下して江戸城をめざした。

江戸城では、初めは徳川方が軍艦で大坂へ攻めのぼるとか、総督府軍を箱根《はこね》で迎え撃つなどの強行論もでていたが、慶喜には初めから抗戦の意思はなく、十五日になって主戦を唱えていた小栗忠順を罷免することで、これからは徳川家の存続と領地の保全を目標とする講和交渉に向かう姿勢を明らかにした。十七日には海舟を海軍奉行並《ぶぎょうなみ》に昇格させ、江戸城内において発言できる地位をあたえた。ふたたび慶喜不始末の尻ぬぐいをまかされた海舟には、いかにして負け戦さの結果を残すかが問われたのである。

大政奉還を果たしたあとも、慶喜の政権はいまだ譜代大名を主体とする執行部（老中制）を維持してきたが、彼ら老中たちは、国元で徳川軍と敵対した稲葉正邦《まさくに》（淀《よど》藩）、鳥羽・伏見の戦いに従軍して官位を剥奪された板倉勝静（備中松《びっちゅうまつ》山《やま》藩)、西国の領地がおびやかされている酒井忠惇《さかいただとし》(姫路《ひめじ》藩)、小笠原長行(唐津《からつ》藩)など、いずれも不安定な立場にあった。かくして老中制は廃止され、二十三日には旗本のなかから、恭順《きょうじゅん》派の大久保忠寛《おおくぼただひろ》(一翁《いちおう》、会計総裁)らを中心とした新執行部がつくられ、海舟もその一員として若年寄格《わかどしよりかく》に引き上げられ、陸軍総裁に任ぜられた。ちなみに、幕府最高の役職をえたものの、幕臣としての知行は、依然として父小吉から引き継いだ米一〇〇俵のままだった。

海舟は「一時に官位高きは尤《もっと》も恐るる処《ところ》、況《いわ》んや無能不才《むのうふさい》の身、その憚《はばか》り少なからず」と記している。彼の経歴からすると陸軍総裁は意外であったが、東征軍に対峙して陸軍を統率し講和交渉をする役割をあたえられたものであり、とくに陸軍士官の懇望によったものともいわれ、現場の士官たちのあいだで海舟への期待が強かったことがうかがわれる。大坂で指導部からみすてられた徳川軍の兵士たちは、無秩序のまま漁船などを使って江戸に戻りつつあったが、他方江戸の兵舎からは歩兵隊の集団脱走▲が始まっていた。

慶喜はこの間、神戸から面会を求めてきたフランス公使ロッシュと数回の会談を重ねたが、ロッシュの意向は徳川に戦意があれば援助するというものであ

▼**江戸からの脱走**　脱走は兵士ばかりではなく、主戦派の旗本のなかにも江戸を脱走する者が多く、彼らのなかには「勝安房守《かつあわのかみ》は降伏論の主張者なれば暗殺すべし」と叫ぶ者もいたという(福地桜痴《ふくちおうち》『懐往事談《かいおうじだん》』)。

一八六八(明治元)年の陸軍総裁

山岡鉄舟

▼**山岡鉄舟**　一八三六～八八。旗本。講武所《こうぶしょ》剣術心得となり、一八六二（文久二）年浪士取締役。一八六八（明治元）年当時、陸軍所の遊撃隊頭《ゆうげきたいがしら》として慶喜を護衛していた義兄高橋泥舟《たかはしでいしゅう》の推薦によって海舟の使者となり、勝・西郷会談の道筋をつけた。維新後は明治天皇の侍従《じじゅう》。海舟・高橋泥舟とともに幕末三舟《ばくまつさんしゅう》と称される。

って、フランスの仲介で条約諸国による朝廷側との調停を実現したいという慶喜の期待はかなえられなかった。江戸城内の意見も、徳川家の存続を実現するためには、みずから謹慎するほかないとし、二月十二日には慶喜がすべての責任をおって寛永寺《かんえいじ》の塔頭《たっちゅう》大慈院《だいじいん》にはいることで、新政府に対する恭順の姿勢を明らかにした。徳川方の恭順の意向は、越前藩（春嶽《しゅんがく》）を通じて新政府側に伝えられ、また和宮《かずのみや》からは婚家である徳川家の存続を願う書状が大奥《おおおく》女中の使者を通じて朝廷側に伝えられていた。さらに二月二十五日には慶喜から、海舟の陸軍総裁を免じ、かわりに「軍事事務取扱」の肩書で京都に派遣して、東征軍の進撃を中止するよう懇請する計画も企てられたが、大久保忠寛らは慶喜の案に反対し、以後は海舟が中心となって講和交渉が進められていくことになる。

江戸城を開く

海舟は、まず総督府の先鋒隊《せんぽうたい》のなかでは面識のあった参謀の西郷隆盛《さいごうたかもり》に標準を定め、三月五日、山岡鉄舟《やまおかてっしゅう》▲を使者として駿河《するが》にいる西郷に書簡を届けた。海舟は書簡のなかで、現在江戸は恭順の姿を守っているが、いつこれが破られるかもわからない状態にあり、官軍《かんぐん》の御処置が正ならば大幸、もし不正があれば瓦解するかもしれない状況であるとし、平和的な解決を訴えている。山岡は、西郷に面談して総督府の降伏条件を受け取ることができた。これまでさまざまなルートを使って総督府の意図を探ってきたが、ここではじめて降伏の条件を知ることができたのである。それによると、第一に慶喜は、外様《とざま》であり東征軍の主力でもある備前《びぜん》藩へ御預《おあず》け、第二に江戸城は明け渡し、第三に軍艦の没収、第四は武器の没収、等々、事実上の無条件降伏を迫るものであった。

　総督府軍の江戸総攻撃は三月十五日に予定されていたが、その直前、十三・十四日に海舟は薩摩藩邸で西郷にあい講和条件について議論を重ねた。この二人の秘密会談は、公式な記録が残されておらず、関係者の後日の証言に頼るしかないのであるが、海舟は、慶喜がすでに謹慎していること、天璋院《てんしょういん》(篤宮《あつのみや》)と静寛院《せいかんいん》(和宮)の安全を確保したいことを強調しながら、朝廷側の条件に対して、慶喜を備前藩預けではなく、生家である水戸藩で謹慎させる、軍艦と武器の引渡しは徳川家の新しい石高が決まってから余分を提出したいなどと、いくつかの点で条件緩和を求めた模様である。西郷は、海舟の弁舌の前に説得され、

▼**三職**　王政復古の結果成立した新政府の要職で、総裁(有栖川宮)、議定(皇族・公卿《くぎょう》・大名)、参与(公家《くげ》、薩摩・土佐・越前藩の藩士)で構成されていた。

明日に迫った江戸城攻撃の中止を命ずるとともに、みずから駿河の大総督府、さらに京都の三職《さんしょく》▲会議まで赴いて講和条件の変更の承認を求めている。

西郷・海舟会談の直後に、イギリス公使の書記官だったアーネスト＝サトウ▲が海舟のもとをたずねていた。イギリスは、一八六三(文久三)年の薩英《さつえい》戦争以来、薩摩藩との接触を深めていたが、六七(慶応三)年からは幕府海軍の軍艦伝習に教官を派遣したことで幕府とも関係をもち、とくに交渉の相手として実務を担当した海舟とは信頼関係を築いていた。フランスが慶喜の支援から手を引いたこともあって、イギリスは東征軍と江戸城の交渉に強い関心をもち、情報を手にいれるべくパークス公使は海舟のもとにサトウを派遣したのである。サトウによれば、海舟は「大君《たいくん》(慶喜)の一命が助かり、たくさんの家臣《かしん》を養うに足る収入が残されさえすれば」協定に応ずるつもりであると語っていたという。いわば、この辺りが海舟の考えていた交渉の落としどころだったのであろう。

京都では、さまざまな議論があったものの最終的には西郷の判断を承認し、四月四日に先鋒総督の橋本実梁《はしもとさねやな》▲が江戸城にはいり、これを迎えた田安慶頼《たやすよしより》へ降伏命令を申し渡した。これによって十日に慶喜は謹慎のため水戸へ出発、翌十

▼**アーネスト＝サトウ**　一八四三〜一九二九。イギリスの外交官。一八六二(文久二)年来日、日本語に通じ、通訳のち公使館の書記官。彼の著書『一外交官の見た明治維新』によれば、一八六八(明治元)年江戸開城直前の状況について「私の入手した情報の主な出所は、従来徳川海軍の首領株であった勝安房守であった。私は人目を避けるため、ことさら暗くなってから勝を訪問することにしていた」と記している。

▼**橋本実梁**　一八三四〜八五。公卿橋本実麗《さねあきら》の子。新政府の東海道先鋒総督。叔母経子《つねこ》(観行院《かんぎょういん》)は仁孝天皇に典侍《てんじ》として仕え、和宮の生母となり、和宮を橋本家で育てた。静寛院(和宮)は、鳥羽・伏見の戦い後、実麗・実梁父子に徳川家存続の嘆願書を送った。

一日には江戸城の引渡しを平穏裡に行うことができたのである。海舟は、この間に門下生らあらゆる人脈を駆使して情報を集め、江戸の治安を守る一方、東征軍への対策を立て、また脱走した歩兵隊や軍艦の説得にもあたっていた。急場に必要な経費▲は一〇〇〇両以上にもおよび、これを海舟は自分の懐からだしていたという。

かくして、徳川本家の存続と、江戸に砲火がなく安全が保たれたという点で、慶喜と海舟の目標は一応達せられたといえよう。しかし、最終段階で軍艦と武器の接収については、曖昧な形を残しながら総督府と妥協したことに対し、これを海舟の独断として不満を述べる慶喜と、交渉はすべてまかされたはずとする海舟とのあいだで激論が交わされたことを海舟は書き残している。

海舟の力がおよんだのはここまでであった。講和条件のうち、慶喜の水戸謹慎、江戸城の引渡しは無事履行されたが、これに不満の兵士の反乱を海舟はおさえることができなかった。旧幕臣の一部は江戸警備を名目に彰義隊《しょうぎたい》を結成し寛永寺に立てこもり抵抗していたが、五月に新政府軍の軍事攻撃を受けて壊滅し、残党の一部は北関東、東北へ逃げ延び、奥羽越列藩同盟《おううえつれっぱんどうめい》の戦いに引き継が

▼急場の経費　海舟のメモによると、一八六八(明治元)年二月から四月のあいだに「江戸四方間諜《かんちょう》入費百六十両」などの支出費目の合計が一七〇〇両に達し、この支払いのために海舟は、息子の留学費用としてたくわえていた奉行時代の役金をすべて吐きだしたという(会計荒増)。

▼榎本武揚　一八三六～一九〇八。幕臣。長崎海軍伝習所に学び、築地の海軍操練所教授となる。オランダに留学。帰国後は海軍奉行、一八六八(明治元)年海軍副総裁として、新政府に軍艦提出を拒否して艦隊を率いて箱館にいたり、五稜郭に箱館政府を樹立した。新政府軍と戦い、降伏帰順。一八七二(明治五)年特赦をえて、北海道開《かい》拓使《たくし》、その後逓信、外務大臣を歴任した。

中島三郎助

▼**中島三郎助**　一八二〇～六九。浦賀奉行所与力《よりき》のとき、浦賀にペリーが来航した際にサスケハナ号に乗り込んで交渉に臨んだことで知られる。長崎海軍伝習所、咸臨丸では海舟と一緒だった。江戸開城後、息子をつれて榎本艦隊に乗り込み、肺病をやんでいたこともあって初めから討死を覚悟した節があり、箱館では大砲陣地を死守して戦死した。

▼**荒井郁之助**　一八三五～一九〇九。幕臣。長崎海軍伝習所で航海術を学び、海軍操練所頭取をへ

れた。

海軍では海軍副総裁の榎本武揚《えのもとたけあき》▲が主要軍艦を擁して北上し、箱館《はこだて》の五稜郭《ごりょうかく》を占拠したが、最終的には翌年五月に新政府軍と戦い降伏した。榎本の率いる艦隊には、永井尚志《ながいなおゆき》・中島三郎助《なかじまさぶろうすけ》▲・荒井郁之助《あらいいくのすけ》▲ら、海舟と長崎伝習所において同じ釜の飯を食べた者が多く参加していた。

彰義隊を武力鎮圧した新政府は強硬の姿勢に転じ、徳川家の所領を四〇〇万石から七〇万石に減石、城地は江戸から府中《ふちゅう》（静岡）に移し、徳川家の相続人を田安家の三男で当時六歳の亀之助《かめのすけ》（家達《いえさと》）▲とすることを通告した。これによって慶喜は七月には駿府《すんぷ》に移り、家臣たちも俸禄《ほうろく》を離れて江戸に残るか、減石して駿府へ移るかの選択を迫られた。

安定した地位を失った多くの幕臣から、海舟は非難の的にさらされ、屋敷の門には、「売国奸臣《かんしん》」という落書きや「淫酒《いんしゅ》に溺《おぼ》れし大奸、天誅《てんちゅう》致すべきものなり」との張り紙をつけられていたという。他方では、彰義隊の残党や東北戦争、箱館戦争で敗れた幕臣たちが海舟の屋敷を訪れると、海舟は自分の財布から少額の救済金をあたえている。これが底をつくと徳川家からも資金が供給される

ようになり、幕臣の貧窮救済だけでなく、事業を起こす者には資金を融通することも行い、さらに一八七七(明治十)年以降は金禄公債《きんろくこうさい》が出回ると、公債を担保にして貸しつけるなど銀行の機能ももった旧徳川家臣たちの互助組織に成長していった。

一八六八(明治元)年九月には、海舟の家でも母親の信子《のぶこ》をはじめ家族全員が静岡へ移り、城下《じょうか》の鷹匠《たかじょう》町に屋敷を構えた。信子は、ふたたび江戸の地を踏むことなく、一八七〇(明治三)年三月この地で病死している。享年六七。同地の蓮永寺《れんえいじ》にほうむられた。

信子は、和歌《わか》を嗜《たしな》み、加藤千蔭《かとうちかげ》流の書をよくしたと伝えられる。海舟は、「明治初年の国の大難の起こったときも母上は落ち着いていて、少しもあわて騒ぐ風がなく、大義の正しさを見失わず、一言も余計なことをいわず、私のすることをみまもってくれていた」と、墓にきざんでいる。

て歩兵頭《ほへいがしら》に進み、江戸開城後は榎本艦隊に参加したが、箱館で降伏した。荒井が獄中にあるとき、海舟は困窮した家族に金銭的援助をしている。

▼**徳川亀之助(家達)**　一八六三～一九四〇。徳川(田安)慶頼の三男。一八六八(明治元)年、六歳で徳川慶喜の養子となり静岡藩主。イギリス留学をへて、一八八四(明治十七)年公爵《こうしゃく》、一九〇三(同三十六)年より貴族院議長をつとめる。

母信子の墓(蓮永寺)

⑤——明治の海舟——「行蔵は我にあり」

明治政府の役職に就く

徳川家《とくがわけ》が静岡に移ると決まったあとも、海舟は引き続き徳川家の地位保全のために、新政府の大久保利通《おおくぼとしみち》と交渉を進め、徳川家の新領地を静岡周辺に集中すること、静岡に移って困窮化する家臣団《かしんだん》に増扶持《ましぶち》を支給することなどを引きだし、一八六九(明治二)年九月には慶喜《よしのぶ》の謹慎解除も実現させた。新しい静岡藩《はん》には財政的裏付けがまったくないところから、一八六八(明治元)年十一月には三条実美《さんじょうさねとみ》と交渉して、諸大名《だいみょう》に助成を求めることを認めさせ、当座の藩収入を確保した。同十二月には箱館《はこだて》戦争を契機に始まった条約国の局外中立状態を解消するため三条や岩倉具視《いわくらともみ》から相談を受けている。これらの過程で新政府の大久保利通や岩倉具視らとのあいだに一定の信頼関係も生まれた。新政府は外交交渉の経験がないところから、一八六九年七月に海舟を外務大丞《だいじょう》に任じようとしたが海舟は辞退、また十一月には兵部《ひょうぶ》大丞を発令したが、これにも辞意を示し静岡へ帰っている。新政府による東北戦争の後始末にかかわる気がなかったのであろう。

一八六九年の版籍奉還《はんせきほうかん》をへて、七一(明治四)年の廃藩置県《はいはんちけん》により静岡藩が消滅すると、翌年五月に海舟は兵部省から独立して新しくできた海軍省の大輔《たいふ》に任じられた。幕末《ばくまつ》の海軍創設にかかわった海舟としては、少輔《しょう》に長崎の伝習《でんしゅう》所《じょ》で一緒だった薩摩《さつま》藩出身の川村純義《かわむらすみよし》▲がいたこともあって引き受けている。彼の役割の一つは、前年に欧米視察に出かけた岩倉・大久保らが不在のあいだ、留守をする首脳間の潤滑油となることであり、とくに鹿児島へ帰ってでてこない西郷隆盛《さいごうたかもり》の呼出し役を引き受けていた。その後、西郷の朝鮮派遣をめぐる会議で、いわゆる征韓《せいかん》派の参議《さんぎ》たちが辞職して、政府に分裂が起こったときは海舟は曖昧な態度であったが、西郷らの意見には与《くみ》しなかった。一八七三(明治六)年十月には参議兼海軍卿《きょう》に任じられ、新政府の中枢にははいったが、翌年八月には大久保利通の推進した台湾出兵▲に反対して辞表を提出し、以後は出勤していない。海舟が、実質的に新政府の役職に就いたのはこの二年ほどの短い期間であった。

版籍奉還以来、身分と財産を失った士族《しぞく》層の不満が各地で爆発した。一八七

▼川村純義　一八三六〜一九〇四。薩摩藩士。長崎海軍伝習所で学ぶ。維新後は兵部大丞、海軍少輔、海舟の後任の海軍大輔となる。海軍中将、海軍卿をへて、伯爵、宮中《きゅうちゅう》顧問官、枢密顧問官を歴任。

▼台湾出兵　一八七四(明治七)年、台湾での琉球《りゅうきゅう》島民殺害を理由に、閣議は出兵を決議し台湾南部に上陸した。清国は抗議し、イギリスの仲介で同年末に撤兵した。

川村純義

伊藤博文

▼伊藤博文　一八四一～一九〇九。長州《ちょうしゅう》藩の農民の子、足軽《あしがる》の養子となる。松下村塾《しょうかそんじゅく》に学ぶ。維新後は、遣米《けんべい》使節団に同行、帰国後は参議、工部《こうぶ》卿、大久保没後は内務《ないむ》卿、一八八一(明治十四)年の政変後はトップに立った。一八八五(同十八)年内閣制度成立による初代内閣総理大臣、枢密院議長。

▼黒田清隆　一八四〇～一九〇〇。薩摩藩出身。開拓《かいたく》長官をへて大久保利通没後は、薩摩閥のトップとなり伊藤博文内閣のあとを受けて第二代総理大臣。

七(明治十)年には薩摩でも西郷を擁した士族たちが挙兵したが、政府軍の出動で鎮圧され、敗れた西郷は自刃《じじん》した。首都東京でも、警視庁は反政府の運動に旧徳川の不満士族が加担することを恐れ、海舟の動きを厳しく監視していた。海舟はこのときは沈黙を守ったが、翌年になって『亡友帖《ぼうゆうちょう》』を刊行するに際して、かつて江戸《えど》開城の会談の折に海舟に送った西郷の手紙を掲載することで、国賊《こくぞく》として討たれた男を偲んでいる。

一八七七年には、木戸孝允《きどたかよし》(桂小五郎《かつらこごろう》)が病死、翌年には西郷隆盛を討った大久保利通が暗殺された。木戸・西郷・大久保の三人は、海舟と維新《いしん》の動乱を一緒に駆けぬけたいわば同世代の仲間であった。彼らは、海舟と敵対したり、あるいは手ごわい交渉相手であったが、たがいに信頼できる相手として認めあっていたから、維新後に彼らからの要請があれば協力の手を差し延べてきたのであった。このあと政府を率いた伊藤博文《いとうひろぶみ》▲・黒田清隆《くろだきよたか》▲らは、維新経験のある世代ではあるが、海舟とは年齢のうえで一まわり以上の開きがあり、その距離は微妙に広がっていた。

一八八二(明治十五)年になって海舟は、元老院《げんろういん》の議長に擬せられたが固辞している。六〇歳の海舟を推挙したときの理由が、かりに民権派からの攻撃があっても「例の緩慢《かんまん》流故《ゆえ》、適任と相考え候《そうろう》」というものであったという。このときの海舟は、鋭い判断でものごとを裁断する能力よりも、韜晦《とうかい》気味に批判の矛先を交わす役割が期待されていたのである。かつて海舟が薩摩屋敷で西郷を弁舌で圧倒したときの迫力ある駆引きは、すでに過去のものとして忘れられていたのであろうか。

伯爵に叙せられて

一八八七(明治二十)年五月、六五歳の海舟は、伊藤博文の配慮によって、旧幕臣《ばくしん》のなかでは最高の爵位《しゃくい》である伯爵《はくしゃく》に叙せられた。海舟は「今や老朽になり世上に立ち交じる気はない」として、一度は辞意を伝えたが、翻意して受諾すると、国家の藩屏《はんぺい》たる華族《かぞく》▲の一員となった責任感からか、当面の政治問題について長文の意見書を提出した。このなかで時局にかかわる二点についてふれておくと、第一は、政府高官たちの宴会、舞踏会が最近奢侈《しゃし》に流れているが、下民困窮の折からひかえたほうがよいという忠告である。この件は、直前にスキ

▼**華族**　一八六九(明治二)年、版籍奉還後に公卿《くぎょう》と旧大名を華族とした。一八八四(明治十七)年に華族令を発し、公《こう》・侯《こう》・伯《はく》・子《し》・男《だん》の五爵《ごしゃく》を設け、門閥《もんばつ》や勲功《くんこう》によって爵位を授けること、男子の世襲とすることなどを定め、維新の功労者に授爵の道を開いた。一九四七(昭和二十二)年に廃止。

ヤンダルを報じられた首相官邸の仮装舞踏会、有栖川宮《ありすがわのみや》邸の舞踏会を念頭においたものであった。第二は、最近の政権が薩摩と長州の出身者に独占され、しかも両者のあいだで藩閥《はんばつ》の争いが進行していることを批判したもので、両者がたがいに協和するようにという助言である。ここでは「緩慢流」から一転して、辛口《からくち》の直言を長州出身の伊藤と薩摩出身の黒田へ、さらに天皇の耳にも届くように呈しているのである。

一八八八(明治二十一)年には、帝国憲法草案《ていこくけんぽうそうあん》を審議する目的で設置された枢《すう》密院《みついん》の構成メンバーである枢密顧問官《こもんかん》▲に任じられた。最初、伊藤枢密院議長に意見書を送り、法令などは西洋の法律の翻案ではなくわが国の人情・慣習に応じて漸進的になさるべきだと説いたが、審議にはいると一言も口を挟まなかったという。伊藤の憲法草案が彼の考えに近いものであることを知ったからであろう。憲法下の帝国議会の体制になっても、基本的に国内問題については藩閥内閣を支持しながら叱咤激励《しったげきれい》するというスタンスであった。

しかし対外的な問題については、一八七四(明治七)年の大久保利通による台湾出兵計画に反対していたが、九四(同二十七)年の朝鮮出兵、そして日清《にっしん》戦争

▼**枢密顧問官**　枢密院は一八八八(明治二十一)年憲法草案審議のために設置され、憲法制定後は天皇の最高諮問機関として、重要な国務を審議した。枢密顧問官は、枢密院を構成する主要な官職であり「元勲《げんくん》および練達《れんたつ》の人」から任命された。

にも反対している。▲講和に際しても遼東《りょうとう》半島を割譲させるよりも、むしろ賠償金で大陸の開発に力をそそぐべきだと主張するなど、アジアにおける日中の提携という考えをもっていた。

幕府時代の史料集——『吹塵録』など

一八八七(明治二十)年の意見書のなかで海舟は、何度か江戸時代の財政や法の仕組みに言及し、幕府《ばくふ》の制度自体が悪かったわけではなく、時代の推移によって弊害が生じたのであるから、維新後二〇年をへた今の政府もこの轍《てつ》を踏まぬようにと諫《いさ》めている。この主張の根拠をなす旧幕時代のデータの収集の成果が『吹塵録《すいじんろく》』であった。

海舟は、以前から集めていた旧幕府時代の財政関係の史料を「海舟雑算」として六冊本にまとめていたが、一八八七年にこれを松方正義《まつかたまさよし》▲蔵相にみせたところ、さらに史料の整理をしてほしい、経費は大蔵省からいくらでもだすという意向が伝えられた。海舟は、手元にあった史料の筆写を始めるとともに、さらに勘《かん》定方《じょうかた》や右筆《ゆうひつ》▲を経験した旧幕臣十数人の協力で資料を収集し、「米穀」「貨幣」「鉱

▼**日清戦争を詠む**　海舟は、日清戦争は不義の戦いだとする漢詩を書いている。

隣国交兵日
其軍更無名
可憐鶏林肉
割以与魯英

(隣国と兵を交える日／其の軍更に名無し／憐れむ可し鶏林《けいりん》の肉〈鶏林は朝鮮の美称〉／割きて以て魯英《ろえい》に与ふ)。

▼**松方正義**　一八三五〜一九二四。薩摩藩出身。維新後は日田《ひた》県知事、大蔵大輔、内務卿をへて、一八八一(明治十四)年から九二(同二十五)年まで大蔵卿、大蔵大臣として松方財政を展開した。一八九一(明治二十四)年、九六(同二十九)年には首相。

▼**右筆**　江戸幕府の役職で、文《もん》書《じょ》や書状を作成するのが任務。

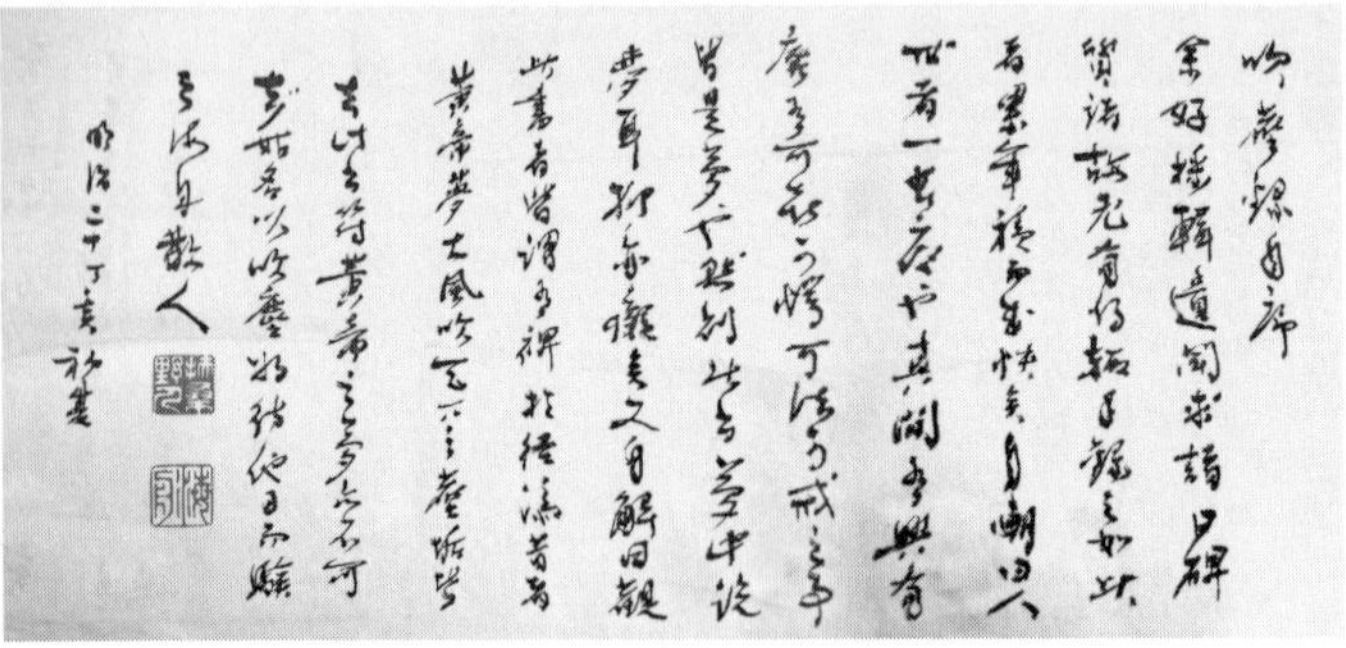

『吹塵録』(巻頭)

山」などの項目に分けて編集し、海舟が解説をつけた。最終的には和綴本《わとじぼん》で三五冊、タイトルも「吹塵録」と改め、大蔵省に提出し印刷・公刊された。

序文では、「人の世は一長夜なり……皆これ夢なり」という考えからすれば、古文書を集めたこの書もまた夢中に夢を語るような虚《むな》しいことかもしれないとしながら、他方、中国古代の黄帝《こうてい》が大風で天下の塵垢《じんこう》を吹き払う夢をみたという故事にちなんで「吹塵録」の書名をつけたといっている。『史記《しき》』によれば、黄帝は目覚めると「風《ふう》は号令なり、政《まつりごと》を執《と》るものなり。垢は土を去りて、后あるなり」といって、風后を姓名とする人物を天下に求めて大臣に召しかかえたところ、賢相としてよい政治を行ったというのである。つまり吹塵の夢は、将来の有能な政治家の登場が期待できるよい兆しであり、一見、塵垢と思われる古文書の集積が、現実の政治になんらかの寄与をもたらすものと密かに自負して「吹塵録」と名づけたのであった。

海舟は、このような考えで『吹塵録』を大蔵省に提供しただけではたりず、みずからも江戸時代のデータを基にして政策提言を行うことがあった。たとえば、江戸時代の凶作の記録を調査して人口、米価の相関性などを論じた「綢繆小《ちゅうびゅうしょう》記《き》」を、凶作の年に天覧《てんらん》に供している。また英照皇太后《えいしょうこうたいごう》（孝明《こうめい》天皇の妃）の葬儀に際して、旧幕府が支出した孝明天皇の葬儀費用を書き上げて参考に供しているのもその一つであろう。一八九七（明治三十）年に金本位《きんほんい》制が政策上の争点になったときには、幕府鋳造の歴史を記した『貨幣小史』を著わして松方首相らに配っている。もちろん江戸時代の故実《こじつ》をもちだしたからといって、それがただちに現実の政策に役立つわけではなかったが、ただ『吹塵録』の刊行を契機にして、財政史料だけでなく、軍事・外交などさまざまな分野で旧幕史料に対する関心が高まり、一種旧幕《きゅうばく》ブーム▲の様相を呈したことは注目されよう。

一八八八（明治二十一）年四月には、海軍省から『海軍歴史』の依頼があった。海軍創設の時代とは、海舟にとってまさに「往時の海軍を回顧すれば流涕《りゅうてい》すべきあり、怒罵《どば》すべきあり、また嗤笑《ししょう》すべきあり」という時代であった。思いだせば冷静ではいられない事件の連続だっただけに、編纂には力がこもっている。緒言では、この書物はしっかりした証拠のないものは採用していない。事実をありのままに収録し「虚心平気《きょしんへいき》一点の愛憎《あいぞう》を挟まず」として、愛憎を越えた真実の歴史を残したいという決意を語っている。海軍のなかでも、長崎製鉄所・仏

▼**旧幕ブーム**　一八八七（明治二十）年に、徳川時代の制度や儀礼を図入りで解説した『徳川盛世《せいせい》録《ろく》』が出版されたが、その題辞に海舟が、「再観　舊典」と書いている。

国教師海軍伝習・横須賀《よこすか》製鉄所などの項目は、当時の関係者から提供された史料を編集しているが、海舟が直接経験した咸臨丸《かんりんまる》米国渡航・神戸《こうべ》海軍操練所・英国教師海軍伝習などの項目は自分の体験も踏まえて記述している。したがって項目によって内容に濃淡もみえ、たとえば神戸海軍操練所については幕府の資料が残っておらず、海舟は自分の日記を頼りにして略述するにとどまっている。また幕末期に海舟と対立したと巷間《こうかん》で噂《うわさ》される小栗忠順《おぐりただまさ》の企画した製鉄所については、財政欠乏の当時、よく横須賀湾と横浜の二カ所に造船工場を建設したものと評している。

さらに翌一八八九(明治二十二)年に陸軍省から『陸軍歴史』編集の依頼を受けると、旧知の木村喜毅《きむらよしたけ》・浅野氏祐《あさのうじすけ》▲に協力を求め、編集の大半をまかせている。この二人は旧代官《だいかん》だった伊豆韮山《いずにらやま》の江川《えがわ》家へ赴き、二〇日間にわたって所蔵史料の筆写をしている。砲銃鋳造・砲台築造・沿海警備などの項目におさめられた大量の史料は、このときの作業の成果であろう。海舟自身の体験としては、一八六八(明治元)年二月新政府軍の進軍を前に、みずから陸軍総裁としてフランス軍教官シャノワンに面会し、不測の事態が発生することを恐れて陸軍の軍

▼**浅野氏祐**　?〜一九〇〇。一八六八(明治元)年の陸軍奉行。海舟と一緒に江戸開城に際して苦労した仲間。

事伝習の解約を申しでて、フランスもこれに応じて了解したとする歴史上の一こまを紹介している。

宮内省《くないしょう》からは『府城沿革《ふじょうえんかく》』と『開国起原《かいこくきげん》』の依頼があったが、このうち、江戸城の沿革史料を集める計画だった前者は未定稿のままで終った。

海舟の幕末史観――『開国起原』など

『開国起原』は、当時条約改正をめぐって議論が沸騰しているなかにあって、幕末以来のわが国の外交交渉の歴史を、海舟みずから史料の編集とその解説を通じて論じたものである。前半はペリー来航、ロシア船来航、通商条約の交渉などの事項を立てて史料を整理し、後半は天保《てんぽう》末年以降の幕府政治の変遷を外交問題とリンクさせて論ずるという構成になっている。海舟の幕政史の特徴は、天保末年以降、幕府は崩壊の道をあゆんだとする歴史観に立って幕末を描いたこと、もう一つはこの歴史を、戊辰《ぼしん》戦争ではなく一八六七（慶応《けいおう》三）年の大政奉還《たいせいほうかん》で閉じていることであろう。江戸幕府の歴史は慶喜の大政奉還によって終ったのであり、鳥羽《とば》・伏見《ふしみ》の戦いから江戸開城まで、つまり慶喜の失敗の後始末については、別に『断腸之記《だんちょうのき》』（一八七八〈明治十一〉年序文）や『幕府始末』（一八九四〈明治二十七〉年刊）などの小論にまとめている。

海舟は、一八六八（明治元）年に江戸開城という政治判断をくだすことで徳川幕府の最後に立ちあったが、四半世紀をへて今度はみずからの筆によって、幕府の業績を振り返り、その最後を見届けようとしたのである。膨大な史料集と歴史叙述は、維新以来忘れられていた旧幕府の足跡を掘り起こすものであり、徳川幕府の興亡を総体として明らかにし、維新以来失われていた徳川幕府の名誉を海舟なりに復権しようとしたものといえよう。

さて、一八九二（明治二十五）年に福澤諭吉《ふくざわゆきち》▲は「瘦我慢《やせがまん》の説」▲という文章を書いて、その返答を海舟に求めた。この要点は、陸軍総裁の海舟が戦わずして城を明け渡したこと、維新後に明治政府に出仕したことの二点を取り上げ、鋭い口調で武士たるものの責任を問うたのである。この問いは、まさに海舟の生き方のポイントを突いたものであったが、海舟はこれに対し「行蔵《こうぞう》は我に存す。毀《き》誉《よ》は他人の主張、我に与《あずか》らずと存じ候」と返答し、それ以上あえて弁明しなかった。「行蔵」つまり出処進退は自分の責任であるが、「毀誉」つまり他人の評価

『断腸之記』

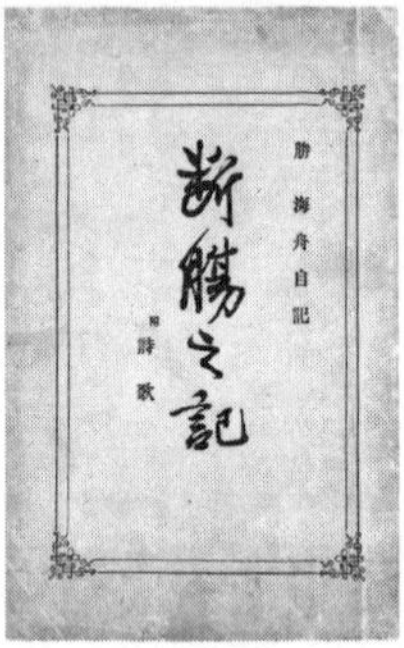

▼**福澤諭吉**　一八三五〜一九〇一。中津《なかつ》藩出身、緒方洪庵《おがたこうあん》の塾で蘭学《らんがく》を学び、のち英学を学ぶ。一八六〇（万延《まんえん》元）年幕府へ出仕。咸臨丸には木村喜毅の従者として乗船。一八六八（明治元）年に慶応義《けいおうぎ》塾《じゅく》を創設。

▼**「瘦我慢の説」**　福澤諭吉が執筆し、海舟と榎本武揚《えのもとたけあき》に示しその意見を求めた。非公開の書簡のやりとりだったが、海舟の死後、そして福澤の最晩年にあたる一九〇一（明治三十四）年一月の『時事新報《じじしんぽう》』に掲載され公表された。

については自分は関係ない、と退けた。海舟にとって維新期の行動について答えることは、海舟が個人的な弁解をすることではなく、徳川幕府の歴史的意義を検証し、そのなかで江戸開城の必然性を明らかにすることだったのである。つまり、『吹塵録』から『幕府始末』にいたる一連の著作こそが、その問いに対する海舟なりの解答だったのではあるまいか。

　長年の懸案だった問題に答えをだしたあとは気が楽になるものである。後年、海舟は「毀誉は他人の主張」という言葉も忘れた風で、「自分の功績を述べるようでおかしいが、おれが政権を奉還して、江戸城を引き払うように主張したのは、いわゆる国家主義から割り出したものさ」などと自慢話に花を咲かせている。『氷川清話《ひかわせいわ》』▲や『海舟座談』▲にみられる、この気儘《きまま》なご隠居風の自慢話も、その背後には維新後二〇年にわたる沈黙の時代と、その後の徳川幕府解明のための旺盛な編纂・執筆の活動があって、ようやく到達した境地だったのである。

晩年の海舟――家族・相続・主君

　一八七二(明治五)年、静岡から江戸へ帰ってきた海舟は、旧宅に近い赤坂《あかさか》氷《ひ》

▼**『氷川清話』**　吉本襄《よしもとのぼる》編『氷川清話』は一八九七(明治三十)年十一月に初版刊行。新聞・雑誌に掲載された海舟の談話記事を集めたもの。現行の多くの版はこれを受け継いでいるが、講談社学術文庫版は松浦玲《まつうられい》が海舟の原文にあたり再編している。

▼**『海舟座談』**　巌本善治《いわもとよしはる》が、海舟の屋敷に足を運んで、海舟から直接聞きとった談話をまとめたもの。巌本が主宰する『女学雑誌』に掲載され、海舟没後の一八九九(明治三十二)年『海舟余波』として刊行。その後、一九三〇(昭和五)年に岩波文庫で『海舟座談』として刊行された。講談社学術文庫『海舟語録』は、松浦玲の編集で改訂を加えたもの。

川《かわ》下にあった旗本《はたもと》柴田《しばた》七九郎《しちくろう》の屋敷地二五〇〇坪を五〇〇〇両で購入し、ここで後半生をすごした。

屋敷地の中心に海舟の住む母屋《おもや》があり、晩年の屋敷図によれば母屋の周囲には妹順《じゅん》の住む家、次女孝子《たかこ》の嫁した疋田《ひきた》家、長男小鹿《ころく》の一家などがあり、ほかにも親戚・知人を多く住まわせていた。

たとえば、一八七八(明治十一)年には住居がなくて困っていたアメリカ人ホイットニー▲一家のために屋敷地内に一軒建てている。夫人のアンナと娘クララは勝家の家族と親しく交際し、彼らのキリスト教の信仰は海舟一家にも影響をあたえた。クララの兄ウイリスは医者となり、氷川屋敷の向かいの土地で赤坂病院を経営したが、隣接地には教会をつくりキリスト教の伝道にも力をそそいでいた。クララはその後、同じ屋敷地内に住む梶梅《かじうめ》太郎《たろう》(海舟と故梶玖磨の息子)と結婚し六人の子をもうけたが、海舟の死後に離婚し帰米している。

また、画家の川村清雄《かわむらきよお》▲も長いこと氷川屋敷の住人であった。イタリアで美術を学んだ川村は、帰国後の一八八三(明治十六)年に海舟の周旋で徳川家から依頼されて歴代将軍の肖像画を描くことになり、海舟の屋敷地のなかにアトリエ

▼ホイットニー　一八二五〜八二。アメリカの経済学の教師。森《もり》有礼《ありのり》の勧めで来日したが、予定した商法学校(一橋大学の前身)がまだ開かれず困惑していたのを海舟が資金を拠出して援助した。

▼川村清雄　一八五二〜一九三四。旗本の家に生まれ、一八七一(明治四)年に徳川家派遣留学生としてアメリカに渡り経済を学んだが、途中絵画修行に転じ、フランス・イタリアで美術を学び、八一(同十四)年帰国。海舟とは親しく接し、冗談をいいあう仲であった。「或るとき、私が勝さんに一つの棺桶をこしらえて、外へ地獄、内へ極楽を描いてみたいと言いますと、勝先生はたいへん悦んで『おれがその寝棺の中へ入っていくんだ』と言われました」。

川村清雄

晩年の海舟

付きの家を建ててもらいそこで制作した。海舟の肖像画も数枚描いており、そのうち江戸城明渡しの日に城門の脇に立つ海舟が、背後から命を狙われている姿を描いた一枚は、当時の緊迫した雰囲気を伝えている(カバー裏写真参照)。

母屋には、妻の民《たみ》のほかに、女中たちが住んでいたが、女中頭《かしら》の糸《いと》は、海舟の子逸子《いっこ》を産んでいる。江戸時代の大名や旗本の屋敷では、原則として主人の外泊が許されないため妻妾《さいしょう》同家も珍しいことではなかったが、明治になってからの政治家たちは多く外に妾宅を設けるようになっていた。表向きも妻妾の区別を示すのが普通であるなかで、勝家が特異だったのは、屋敷のなかで糸はあくまで女中として働いていたことであろう。糸の娘だった逸子は、正妻民の子どもとして育てられ、勝家から目賀田《めかた》家に嫁したが、夫の勤務の関係で六、七歳の娘二人を氷川屋敷にあずけていた時期があったという。娘の一人が晩年になって当時のことを回想しているが、それによると自分たちは民を実の祖母と信じて生活していたし、母親の逸子も、子ども時代には民の娘として育てられたと聞いている、と語っている。

海舟が死ぬまで、この秘密は保たれていたという。民はそのような関係に耐

勝小鹿

えて氷川屋敷の女主人として振る舞っていたが、夫の死後五年をへて自分の臨終の際に、墓は息子小鹿の眠る青山《あおやま》墓地にしてほしい、夫海舟とは一緒にしてくれるなと遺言したと伝えられる。

海舟の長男小鹿はこれより先、一八九二（明治二十五）年二月に四一歳の若さで死去している。小鹿は留学先の米国アナポリス海軍大学を卒業後、一八七七（明治十）年に帰国して海軍に任官し大尉、初めは海軍兵学校《へいがっこう》に勤務した。一八八〇（明治十三）年には元尼崎《あまがさき》藩主の娘桜《さくら》井《い》栄子《えいこ》と結婚し氷川屋敷地内で所帯をもった。少佐に昇進し摂津《せっつ》艦《かん》副長を命ぜられたが、翌年体調不良で倒れ結核と診断され、夫妻で熱海《あたみ》へ湯治にでかけるなどするが復調せず、依願免職し療養、しばらく小康を保ったが、ときどき発作を起こしていた。この間、お雇い外国人のベルツ医師の診断もあおいでいる。一八八四（明治十七）年には妻栄子が看病疲れもあって急死した。栄子には子どもがなかったので後継ぎがほしかったのであろう、一八八五（明治十八）年に海軍中佐の娘斉藤珠子《さいとうたまこ》と再婚し、二人の娘をもうけている。その後小鹿はいったん復職して横須賀の海軍機関学校につとめたが、一八八六（明治十九）年に再発し以後は自宅で療養に専念してい

海舟晩年の自画像と賛

放達是質　物事にこだわらない性質で
為将為卒　将にもなったし一兵卒にもなった
在朝参議　まつりごとに加われば参議
在野散人　野に下れば自由人
睥睨一世　今の世を横目でにらむが
廓落胸襟　胸のうちはさっぱりしている

勝家略系図

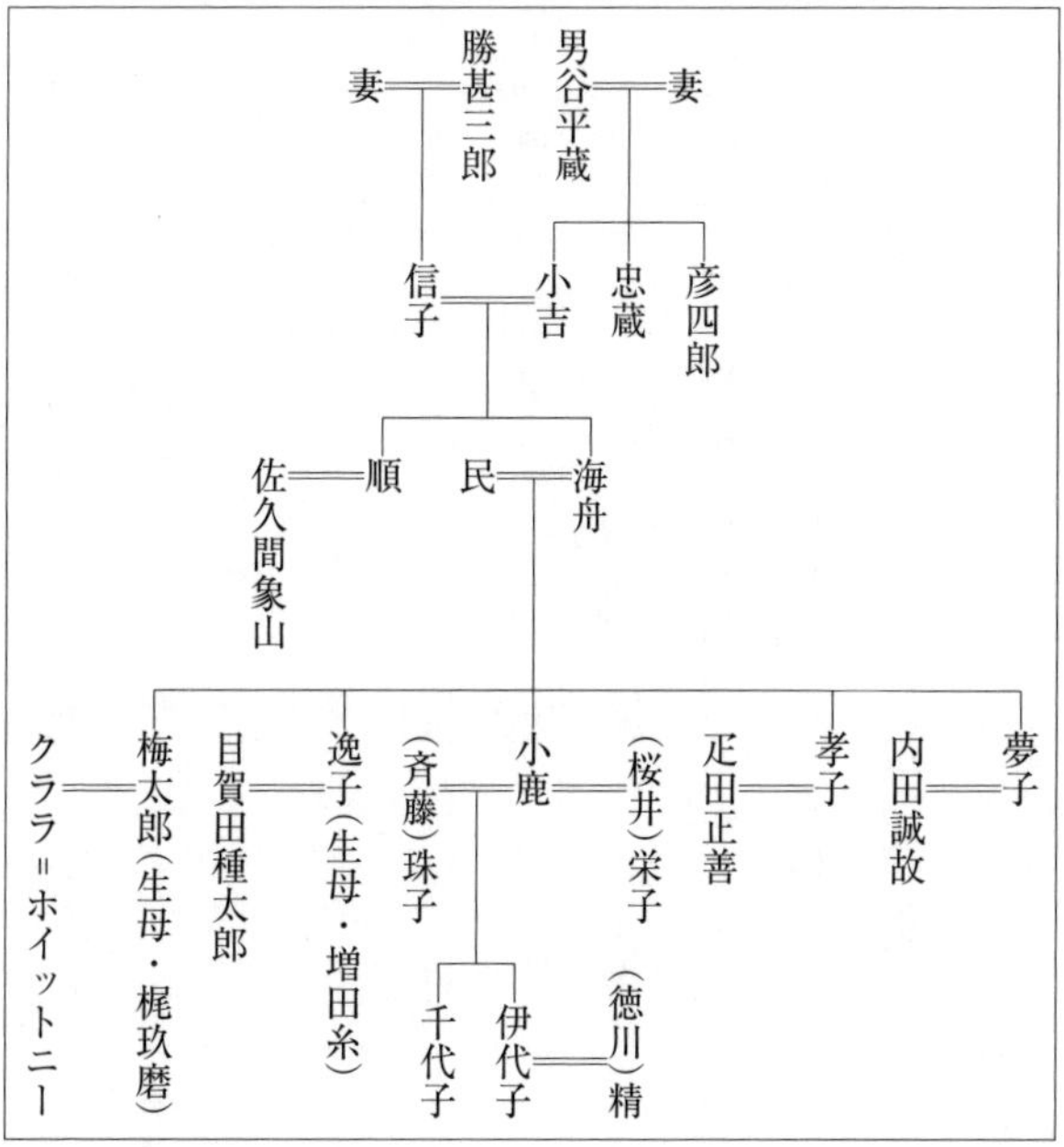

宮島誠一郎

▼**宮島誠一郎**　一八三八〜一九一一。米沢《よねざわ》藩出身。一八六八（明治元）年六月、京都の新政府に米沢藩が陳情書を提出する際に海舟に相談したのが、二人が知りあった最初で、その後宮島は、新政府に出仕し、七九（同十二）年から宮内省につとめ、枢密院、華族を担当することから、長官の伊藤博文と海舟のあいだをつなぐ役を担い、海舟の晩年まで親しく交際した。

た。海舟は、海軍将校に家督《かとく》を譲ることを夢みていたが、ついにその甲斐もなく、小鹿に先立たれたのである。

海舟は、跡継ぎの小鹿を喪ったとき、徳川慶喜の十男精《くわし》（当時五歳）を養子として迎え、勝家の相続人とすることを自分一人で決めている。そのとき呼ばれた宮島誠一郎《みやじませいいちろう》▲によれば、海舟は「勝家というものは、煙の如《ごと》く消してしまいたいと思っていたが、既に爵位を頂戴した以上は、自分の死後はこれを徳川氏に奉還したい」と語ったという。つまり、勝の家名など消えてもいいのだが、爵位にともなってあたえられた財産を合法的に殿様にお返しするために、慶喜の子息に勝家の跡を継がせようというのである。

これほどまでに海舟が思い込んだ慶喜と海舟との関係とはなんだったのであろうか。江戸時代の主従関係でいえば将軍とお目見《めみ》えを許された御家人《ごけにん》であり、知行高《ちぎょうだか》では全国に八〇〇万石《ごく》を領有する武家《ぶけ》の棟梁《とうりょう》とただの一〇〇俵取りの侍《さむらい》という天地の開きがあった。ただ海舟が幼時に御相手《おあいて》をつとめた初之丞《はつのじょう》（将軍家慶《いえよし》の五男）が一橋《ひとつばし》家を継いだ直後に急逝し、その後に慶喜が水戸《みと》からはいって一橋家を継いだという因縁《いんねん》を考えると、海舟が一四歳下の慶喜に対し、主君

徳川慶喜

晩年の海舟

として仕えながら一種の親近感をいだいていたとしてもおかしくないかもしれない。旧幕時代の「日記」のなかで、家茂《いえもち》に対しては英明な天子《てんし》と尊敬の念を表明しているのに対し、慶喜には臆せずに批判したり、むしろ率直な意見交換をしている。一八六三(文久《ぶんきゅう》三)年参与《さんよ》会議を前にしては外様《とざま》大名らとの胸襟《きょうきん》を開いた評議をするよう進言したこともあり、一八六八(明治元)年江戸開城の条件をめぐる議論では激しい口論もあったという。しかし海舟の慶喜に対する態度は、あくまでわがままな殿様に仕える忠臣のそれであって、明治になって慶喜の謹慎が解けたときも、爵位を受けたときも、海舟の陰の力があったといわれる。

慶喜としても海舟をどこかで信頼していたから、長州戦争・戊辰戦争と二度までも敗戦処理をまかせたのであろう。今回の養子相続の件については、ときどき飼い主の手を嚙む海舟に対しては「怨みでもして居ると思ったのに、それまで信切に思って居てくれるのか」と語り、海舟に謝意を示したという。一八九八(明治三十一)年三月には、慶喜が宮中に参内し、戊辰戦争以来はじめて明治天皇に面会がかない、長年の「逆賊《ぎゃくぞく》の汚名」が晴れることになった。海舟は

勝海舟墓　洗足池畔《ちはん》の墓碑。墓碑は長いあいだ、「海舟」一つだったが、妻民の死後一〇年たって、周辺もそろそろいいだろうといって、となりに民の墓もならべたという。

「我が苦心三十年、少しく貫く処あるか」と「日記」に記している。七〇歳の古希《こき》をすぎるころから、海舟は耳聾《じろう》を理由に枢密院出務を断わったり、目くもりで執筆不能となげいたりと身体の不調を訴えている。一八九四(明治二十七)年正月には丹毒《たんどく》にかかり数カ月臥床《がしょう》を余儀なくさせられた。

七七歳を迎えた一八九九(明治三十二)年は、元旦から年始客の応対に忙しかったが、一月十九日夕刻、風呂から上がったあと、にわかに狭心症の発作に襲われて倒れたので、女中頭の糸がブランデーを飲ませて介抱したが意識不明、妻の民が駆けつけたときにはすでに絶命していたという。

ながらへば　此みそとせを夢の間に　敵もみかたも　苔《こけ》のした露

亡くなる八日前、年始に訪れた宮島誠一郎に手わたした短歌には、維新から三〇年を経た海舟の感慨が詠まれていた。

葬儀は、一月二十五日に青山墓地で挙行され、遺骨は別荘のある洗足池《せんぞくいけ》の辺《ほとり》(東京都大田区《おおた》)に埋葬された。墓碑の表には、遺志によって「海舟」の二文字だけが彫られている。

松浦玲『勝海舟』中公新書, 1968年
松浦玲『勝海舟』筑摩書房, 2010年
松浦玲『勝海舟と西郷隆盛』岩波新書, 2011年
松本三之介「勝海舟における政治思考の特質」『近世日本の思想像―歴史的考察』研文出版, 1984年
三谷博『ペリー来航』吉川弘文館, 2003年
宮地正人『幕末維新変革史　上・下』岩波書店, 2012年
森田朋子『開国と治外法権』吉川弘文館, 2005年
和田守「徳富蘇峰における海舟像」『近代日本と徳富蘇峰』御茶の水書房, 1990年

写真所蔵・提供者一覧（敬称略, 五十音順）

勝芳邦　　p. 25上, 32
木村家蔵・横浜開港資料館保管　　カバー表
宮内庁三の丸尚蔵館　　扉上左, p. 28, 59中, 68, 70, 77, 78, 90, 92
講談社・東京都江戸東京博物館編『没後一〇〇年　勝海舟展』　　p. 25中
高知県立歴史民俗資料館　　p. 43
神戸市立博物館　　p. 48
国立公文書館　　p. 82
国立国会図書館　　p. 30, 37, 91
個人蔵　　扉下
佐藤政養先生顕彰会　　p. 51
尚古集成館　　p. 53
鈴木家蔵・相模原市立博物館寄託資料（鈴木家文書）　　p. 14
東京都江戸東京博物館Image：東京都歴史文化財団イメージアーカイブ　　カバー裏, 扉上右, p. 25下, 59下, 86, 89, 93左
中島三郎助資料室　　p. 74
福井市立郷土歴史博物館　　p. 38
松戸市戸定歴史館　　p. 93右
山崎香　　p. 94
横浜開港資料館　　p. 59上

参考文献

江藤淳・川崎宏・司馬遼太郎・松浦玲編『勝海舟全集　1—22, 別巻』講談社, 1972〜83年
勝海舟全集刊行会編『海舟全集』10冊, 改造社, 1927〜29年（復刻版, 原書房, 1968年）
勝部真長・松本三之介・大口勇次郎編『勝海舟全集1—21, 別巻1・2』勁草書房, 1972〜82年
東京都江戸東京博物館都市歴史研究室編『勝海舟関係資料　文書の部』東京都江戸東京博物館, 2001年
東京都江戸東京博物館都市歴史研究室編『勝海舟関係資料　海舟日記1—5』東京都江戸東京博物館, 2002〜11年

アーネスト＝サトウ著・坂田精一訳『一外交官の見た明治維新　上・下』岩波文庫, 1960年
赤松範一編『赤松則良半生談』平凡社東洋文庫, 1977年
石井孝『増訂　明治維新の国際的環境』吉川弘文館, 1966年
石井孝『勝海舟』吉川弘文館, 1974年
市岡正一『徳川盛世録』平凡社東洋文庫, 1989年
井上勝生『幕末・維新』岩波新書, 2006年
岩下哲典編著『高邁なる幕臣　高橋泥舟』教育評論社, 2012年
大口勇次郎「旗本御家人の世界—『夢酔独言』の実像」『徳川時代の社会史』吉川弘文館, 2001年
大口勇次郎「吹塵の夢—幕府史料の再生」『徳川時代の社会史』吉川弘文館, 2001年
カッテンディーケ著・水田信利訳『長崎海軍伝習所の日々』平凡社東洋文庫, 1964年
勝小吉著・勝部真長編『夢酔独言　他』平凡社東洋文庫, 1969年
勝部真長『知られざる海舟』東京書籍, 1977年
勝部真長『勝海舟　上・下』ＰＨＰ研究所, 1992年
クララ＝ホイットニー著・一又民子ほか訳『勝海舟の嫁　クララの明治日記』中公文庫, 1996年
酒井一「勝小吉, 摂津で大芝居—旗本知行地の村を手玉に」『なにわの歴史八景』せせらぎ出版, 2010年
渋沢栄一編『昔夢会筆記—徳川慶喜公回想談』平凡社東洋文庫, 1966年
鈴木壽子『幕末譜代藩の政治行動』同成社, 2010年
辻ミチ子『和宮』ミネルヴァ書房, 2008年
東京都江戸東京博物館編『没後一〇〇年　勝海舟展』東京都江戸東京博物館, 1999年
東京都江戸東京博物館・静岡県立美術館ほか編『維新の洋画家　川村清雄』東京都江戸東京博物館・静岡県立美術館ほか, 2012年
野口武彦『幕府歩兵隊』中公新書, 2002年
野口武彦『長州戦争』中公新書, 2006年
萩原延寿『江戸開城　遠い崖—アーネスト・サトウ日記抄7』朝日新聞社, 2000年
福澤諭吉「瘠我慢の説」『福澤諭吉著作集　第9巻』慶応義塾大学出版会, 2002年
福地桜痴『懐往事談』人物往来社, 1968年

1854	安政元	32	*7-* 日米和親条約締結に際して海防に付き意見書を提出
1855	2	33	*1-20* 大坂近海・伊勢海岸見分を命じられる。*8-7* 長崎海軍伝習所勤務を命じられる。小十人組へ番入
1858	5	36	*3-* 長崎から咸臨丸で鹿児島へいき，島津斉彬にあう
1860	万延元	38	*1-19* 艦長として咸臨丸に乗船，太平洋を横断。*2-26* サンフランシスコ港に到着，市内を見学。*5-7* 帰国
1862	文久2	40	*7-4* 軍艦頭取，100俵に加増(勤務中は500俵)。閏*8-17* 軍艦奉行並，役高1000俵。*11-19* 横井小楠を訪ねる
1863	3	41	*4-23* 将軍家茂より神戸海軍操練所建設の命を受ける。*12-28* 家茂を翔鶴丸に乗せて海路上洛する
1864	元治元	42	*2-4* 長崎出張。*5-14* 軍艦奉行，安房守に任じられる。役高2000石，役金250両。*9-11* 大坂で西郷隆盛に会う。*11-10* 軍艦奉行を罷免される
1866	慶応2	44	*5-28* 軍艦奉行に再任。*9-2* 長州藩と戦闘停止の談判
1867	3	45	*3-5* 海軍伝習掛を命じられる。*7-25* 長男小鹿，留学のため渡米。*12-23*「憤言一書」を提出し退職を願う
1868	明治元	46	*1-11* 徳川慶喜，大坂城を脱出，江戸城へ帰る。*1-17* 海軍奉行並。*1-23* 陸軍総裁。*3-13・14* 西郷隆盛と会談。*4-11* 江戸開城。*5-24* 徳川家達(亀之助)，駿府府中70万石に封ぜられる。*9-3* 海舟の家族も駿河へ移住
1870	3	48	*3-25* 母信子死去，享年67。蓮永寺にほうむる
1872	5	50	*5-10* 海軍大輔。*5-23* 赤坂氷川町の旧柴田邸へ転居
1873	6	51	*10-25* 参議兼海軍卿に任じられる
1874	7	52	*7-30* 大久保利通の台湾出兵の処置に反対し辞職表明
1877	10	55	*2-15* 西南戦争勃発。*12-22* 小鹿，帰国
1878	11	56	*1-*『亡友帖』刊行
1880	13	58	*6-4* 小鹿，桜井栄子と結婚。栄子は1884年病死
1881	14	59	*4-28* 小鹿，肺結核のため，摂津艦副長を依願免職
1885	18	63	*12-2* 小鹿，斉藤珠子と再婚，娘2人をもうける
1886	19	64	*5-3* 海舟の子梶梅太郎とクララ＝ホイットニー婚礼
1887	20	65	*5-8* 伯爵に叙せられる。*5-25* 21カ条の意見書を提出。*12-*『吹塵録』完成(刊行は1890年)
1888	21	66	*4-30* 枢密顧問官就任。*4-*『海軍歴史』編纂(刊行は1889年)。*11-*『陸軍歴史』編纂開始(刊行は1890年)
1890	23	68	*1-10* 宮内省より『開国起原』を依頼される(刊行は1892年)
1892	25	70	*2-6*「瘦我慢の説」の返事を福澤諭吉へ送る。*2-7* 長男小鹿死去，享年41。慶喜の十男精を跡継ぎに決める
1894	27	72	*1-* 丹毒にかかり，数カ月病臥。「日記」も5月まで断筆。*8-1* 日清戦争始まる。出兵に終始反対
1898	31	76	*3-3* 徳川慶喜，維新後初めて明治天皇に拝謁
1899	32	77	*1-19* 自宅で狭心症を発し逝去，享年77。*1-25* 青山墓地にて葬儀，洗足池畔にほうむられる

勝小吉とその時代

西暦	年号	齢	おもな事項
1802	享和 2	1	深川油堀の旗本男谷平蔵の三男として出生
1808	文化 5	7	旗本勝家の養子になる。勝家には祖母と 4 歳の信子がいた
1810	7	9	本所亀沢町に転居した男谷家の敷地内に，勝一家と住む
1813	10	12	湯島の聖堂の寄宿部屋で『大学』を学ぶも破門される
1815	12	14	*5-28* 最初の家出。東海道で浜松，伊勢，小田原を歩く
1817	14	16	小普請組頭にあい，番入を願う。このころ，私淑した平山行蔵宅によく赴き，兵談を聞く
1818	文政元	17	兄の信州中之条代官所へいく
1819	2	18	兄の屋敷地内に家を建て，独立する
1822	5	21	2 回目の家出。遠州森町の雨の宮神社にしばらく逗留。帰宅後，父親から座敷内の檻で逼塞を命じられる
1823	6	22	長男出生。麟太郎と名づける
1825	8	24	檻からでることを許される
1827	10	26	父男谷平蔵，死去
1829	12	28	刀剣の研ぎ，目利きを始め，刀剣講を催す
1830	天保元	29	本所入江町の旗本岡野孫一郎の地内へ転居
1831	2	30	長男麟太郎が道で犬に嚙まれ，看病する
1838	9	37	隠居し，家督を麟太郎に譲る。夢酔と号す
1839	10	38	岡野家の家来を名乗り，摂州御願塚村へ金策に赴く
1840	11	39	*2〜9-* 無断で江戸を離れたことで他行留，自宅謹慎
1841	12	40	天保改革令で，保科栄次郎方の屋敷へ押込めを命じられる
1843	14	42	鶯谷庵で『平子龍先生遺事』『夢酔独言』を執筆
1850	嘉永 3	49	*9-4* 死去，享年49。墓所は牛込赤城下の清隆寺
1870	明治 3		*3-25* 妻信子，静岡で没。蓮永寺の信子の墓に小吉も合葬

勝麟太郎・海舟とその時代

西暦	年号	齢	おもな事項
1823	文政 6	1	*1-30* 本所亀沢町で出生。父は勝小吉，母は信子
1829	12	7	将軍家慶の五男初之丞の遊び相手に西丸へ召し出される
1831	天保 2	9	叔父男谷精一郎の剣術道場へかよう
1838	9	16	*7-27* 家督を譲られる。知行100俵，小普請組
1840	11	18	島田虎之助の剣術道場(浅草新堀)の内弟子にはいる
1841	12	19	蘭学者永井青崖に入門し，赤坂溜池の黒田藩邸へかよう
1845	弘化 2	23	*9-* 岡野家の養女(砥目屋の娘)民(25歳)と結婚する
1846	3	24	赤坂田町に転居。*9-15* 長女夢子出生
1847	4	25	蘭日辞書『ヅーフ・ハルマ』の筆写を始める。翌年完成
1850	嘉永 3	28	赤坂田町に蘭学塾氷解塾を開く。*9-4* 父小吉死去
1852	5	30	*2-17* 長男小鹿出生。妹順子，象山に嫁す

大口勇次郎(おおぐち ゆうじろう)
1935年生まれ
東京大学大学院人文科学研究科博士課程単位取得退学
専攻，日本近世史
現在，お茶の水女子大学名誉教授
主要著書・論文
『女性のいる近世』(勁草書房1995)
『徳川時代の社会史』(吉川弘文館2001)
『幕末農村構造の展開』(名著刊行会2004)
『新体系日本史９　ジェンダー史』(共編著，山川出版社2014)
『江戸城大奥をめざす村の娘―生麦村関口千恵の生涯』(山川出版社2016)

日本史リブレット人 066

勝小吉《かつこきち》と勝海舟《かつかいしゅう》

「父子鷹」の明治維新

2013年４月20日　１版１刷　発行
2019年４月30日　１版３刷　発行

著者：大口勇次郎《おおぐちゆうじろう》

発行者：野澤伸平

発行所：株式会社 山川出版社

〒101－0047　東京都千代田区内神田１－13－13
電話 03(3293)8131(営業)
03(3293)8135(編集)
https://www.yamakawa.co.jp/
振替 00120-9-43993

印刷所：明和印刷株式会社

製本所：株式会社 ブロケード

装幀：菊地信義

Printed in Japan ISBN 978-4-634-54866-4

日本史リブレット 人

〈白ヌキ数字は既刊〉